教子有方系列

莊億惠◎著

你可以 自己來

生活自理教戰手冊

自序

　　《孩子，你可以自己來——生活自理教戰手冊》，是筆者繼《孩子，你可以更好——0-6歲特殊幼兒早期療育遊戲書》的另一著作，本書的內容除了適用於0-6歲的特殊幼兒外，也適合有特殊需求的大孩子，筆者所秉持的精神是：除了讓特殊需求的兒童能夠自行處理自身的飲食清潔等生活技能之外，能讓孩子處於乾淨的環境中生活亦是另一項重要的考量，所以實用技藝的部分也是本書所著重的內容之一。

　　在個人的特教生涯中，很多特殊需求的孩子學的慢忘的快，更重要的一點是，往往一次無法了解，必須透過反覆的練習與指令的提供，方能讓孩子理解。問題是當孩子回到家，家長根本無從指導起，除了孩子無法複述老師在學校的教學內容之外，最主要的原因是很多視覺學習的個案，如：自閉症的個案，若平日的教導無法以圖片呈現作視覺的提示，往往事倍功半。所以，本書就相當著重相片說明，這是本書的最大特色——眼見為憑！期使指導者知道要怎麼讓孩子在有限的能力下，將潛能開發到極致，同時能解決家長和老師在指導孩子生活自理方面的疑慮。

莊憶惠

於臺中

緒

論

壹 生活自理與實用技藝的定義

　　生活自理指的是一般人在食衣住行各方面，為了能獨立生存所必須具備的自己處理自身的能力；而實用技藝則更涵蓋除了生活自理外，與自身周遭相關所要學習的生活技能。

貳 重要性

　　一個人要生活在社會上，基本的自理能力是不可或缺的，生活技能對於智能正常的幼兒或成人而言，只要從生活經驗的累積，或模仿學習便可以隨年齡的增長而習得；但是對於身心障礙者而言，必須花費比一般人多出數倍、數十倍，甚至數百倍的時間，才可以習得；更甚者礙於肢體或認知能力的欠缺，可能終其一生皆無法習得。為了協助其獨立自主，一些特別技巧的運用或輔具與記號的使用，可以縮短其學習時間，協助達到生活獨立的目的。

　　對於中重度的特殊幼兒，生活自理的訓練與學習，有助於日後的獨立生活自主的必要條件；對於輕度智能障礙的孩子，生活自理的訓練，更有助於孩子能融合在一般環境。例如：吃飯、穿脫衣服和鞋子……，因為在普通學校的學習時間都是一定的，若無法自行進食，或是吃的太慢，則相對的無法午休，無法午休又可能導致沒精神，沒精神又容易發脾氣，亂發脾氣又會影響班上

的課程進行，環環相扣的結果，在普通環境的適應問題就逐漸呈現。由此可知，生活自理對於不管是輕、中、重度的身心障礙者都很重要。

　　就實用技藝的定義上，個人會解釋為：除了自身的清潔、衛生之外，相關環境的整潔與處理的能力皆涵蓋之。它同時也會深深地影響到個案日常生活的品質，試想：一個具備處理自身的清潔衛生的個案，卻沒有教導其洗碗、倒垃圾等實用技能，導致生活周遭環境髒亂不堪，站在對生命的尊重上，更能突顯實用技藝的重要性。

參　　內容

　　舉凡大小便的學習，拿湯匙、筷子吃飯，用叉子、牙籤吃水果或其他事物，到自行上廁所尿尿、大便，喝開水，刷牙、洗臉、洗手、洗頭、洗澡，穿脫衣褲、穿脫襪子、鞋子，摺衣褲、剪指甲等皆是其生活自理的範疇；而實用技藝則包括處理垃圾、拖地、餐後的處理、擦窗戶、掃地、摺棉被、擦桌子、洗抹布、購物、過馬路、使用販賣機……等，比生活自理更進一層次的生活技能皆涵蓋之。

肆　　生活起居活動的發展

　　隨著嬰幼兒的年齡逐漸增長，從爬行、站立，到小心地放開

雙手、邁開腳步，成為一個自主的個體時，是否具有面對解決問題的能力及勇氣，除了肢體方面、語言方面、社會行為、認知方面之外，最主要是取決於「生活自理」的成熟與否，但是自理能力和生活習慣的學習，與幼兒的成熟度卻有著相當大的關聯。

飲食活動的發展

　　身心障礙的嬰幼兒常常會有吞嚥及吸吮的困難，其所餵食的食物一定必須是液狀食物。一般正常嬰兒出生後，吸吮和吞嚥是屬於反射性的活動，直到四個月左右，才開始有咬的動作；六個月時，方可以用嘴唇含入湯匙內的食物並做牙齦磨咀的動作，此時才可以逐漸用湯匙餵軟性半固體食物。

　　用手抓東西放入嘴巴咬嚼，是四個月到一歲之間孩子常見的現象，而一歲到一歲半的幼兒則拿杯子喝飲料，而不再以吸吮的動作進行。兩歲到三歲的幼兒能以吸管吸食飲料，同時能使用叉子進食，若此時學習使用筷子夾食，剛開始是用掌心握筷子，到三歲左右才會開始用食指握筷子，若持續練習，才能慢慢的使用中指和食指夾住一根筷子，再以無名指和小指協助拇指支持另一根筷子，要達到純熟，則已經是五歲以後的事了。

　　身心障礙的兒童，受限於精細動作發展較緩慢，再加上動作的協調性較差，往往無法靈活運用筷子，若為了達到功能性和符合年齡的目的，則可以藉由科技輔具的協助以達到使用筷子的目的。

二 睡眠時間的發展

　　新生兒的睡眠時間是十八至二十小時，都是吃完奶後分段睡眠，接下來睡眠時間逐漸縮短，兩歲以後的幼兒，一天睡十一小時，直到五歲以後，睡眠時間十小時，上午已經不用睡覺了，六歲以上的兒童則睡眠時間縮短為九小時。

三 如廁訓練

　　發展遲緩的兒童難以在幼兒階段便學會獨立如廁的技能，其原因可能有好幾種，例如：控制自己的身體功能，或是在何處進行，同時如何穿脫自己的衣褲等，這些都需要具備基本的自我控制能力和肌肉的協調能力。

　　如廁訓練包括大便和小便的排泄，其訓練必須等到幼兒神經系統發育成熟，括約肌能控制自如時，才能開始訓練，也就是大約一歲半到兩歲大的幼兒，可以嘗試開始訓練；但是，還需要評估是否能保持兩個小時且具有相當的尿量才排尿，才能顯示孩子的直腸括約肌功能已經發展的比較健全，大小便可以在直腸及膀胱內停留一段時間，孩子可以憑自我意識去控制排放了。

　　根據研究發現，大便的控制比小便控制要提早一年半發展出來，大約兩歲左右，便可以控制大便。而小便的控制則是有發展程序的，從尿濕了衣褲才說，到正在排尿時就會說，最後才會在排尿之前告訴成人，到三歲半之後才可以獨自完成小便的步驟。

　　在訓練如廁訓練中，孩子的如廁技巧並不是一教就會，而是

要經過數次的失敗才有辦法達到目標，尤其是特殊幼兒，往往所花費的時間是一般兒童的數十倍甚至數百倍。成功的如廁技能通常需要將整個如廁的過程分成許多小步驟：

1. 走進廁所。
2. 脫掉褲子。
3. 坐在馬桶上。
4. 排泄完畢。
5. 穿回褲子。

當孩子學會每一個步驟之後，才算學會如廁的技能。在教導的過程中，對於孩子在訓練過程中經常尿濕褲子的情形千萬要沉得住氣，不要疾言厲色，允許孩子以他的速度進步，善用增強的原理，提供孩子進步的動機，達到預期的目標，尤其是特殊幼兒。

有的個案並不是能力的問題而是行為的問題，這就無關乎其如何訓練，而是如何改善其對如廁的概念，這部分會在後續加以詳細解說。

伍　精細動作的訓練

學齡前嬰幼兒精細動作發展表

動作 年齡		精細動作	日期 ／	日期 ／	日期 ／	日期 ／
出生	2 個月	◎抓握反射				
4 個月 〜 1 歲	6-8 個月	◎會尋找掉落的毛線球				
		◎伸手時手掌能外旋				
		◎以四指及手掌抓東西				
	9-11 個月	◎以食指戳東西				
		◎以拇指與食中指拿東西，用手掌抓東西				
		◎拿兩個積木互敲				
1 歲 〜 2 歲	12-15 個月	◎會翻書卡				
		◎會疊兩個積木				
		◎以握拳的方式握筆				
		◎持筆亂戳				
	16-19 個月	◎拿筆亂畫				
		◎會疊三個積木				
		◎放置小圓木棒				
	20-23 個月	◎會模仿摺紙				
		◎會疊六個積木				
		◎把積木排成直線如火車				

2 歲 ～ 3 歲	◎穿大孔的珠子			
	◎會揉黏土			
	◎會拿筆畫直線及圓			
	◎轉動門把打開門			
3 歲 ～ 4 歲	◎會重疊 8-10 塊積木			
	◎將 3 塊積木搭建成品字			
	◎模仿畫圈			
	◎會拿剪刀			
	◎玩貼紙的遊戲			
	◎會操作各式各樣的門栓、操作門栓操作板			
	◎將錢幣放入撲滿			
4 歲 ～ 5 歲	◎會到鄰居家玩			
	◎會將點連成線			
	◎會畫簡單的圖案（如身體手腳）			
	◎會摺疊衛生紙手帕			
	◎將水壺內的水倒入水杯中			
5 歲 ～ 6 歲	◎會到社區商店			
	◎會畫三角形及房子			
	◎會描摹簡單的字及自己的名字			
	◎會沿曲線剪紙			
	◎會拿鑰匙開門			
	◎會用別針夾東西			
精細動作	抓、握、持、挾、戳、捻、按、放、拍、撥、剝、堆、套、投、插、轉、撕、折、摺、舀、倒、刨、搗、泡、擠、捏、擦、壓			

※把已經學會的項目在格子內打✓。

針對幼兒的手部發展，建議依照嬰幼兒的動作發展順序訓練如下：

一、抓東西的動作訓練

有的發展遲緩的幼兒常常握緊雙手，這時候家長可以將孩子的大拇指用少許力量往外拉，則其他的指頭就會伸展，藉機讓孩子抓握東西。有的大孩子不習慣手上握東西，例如重度、極重度的孩子，根本無法操作教具，為了訓練能夠握物一段時間，筆者曾使用彈性繃帶將手搖鈴固定在個案的手掌，該生在搖動的過程中，不僅可以握物同時也讓握物的經驗意義化，經過了一段時間，去除彈性繃帶，該生還是可以自行拿手搖鈴搖晃使之發出聲音自娛。

為讓孩子引發興趣，可以用聲音的玩具來吸引小朋友，但是要考量到玩具的大小和重量不宜太重，外形也必須好看。

有的小朋友雖然手沒有緊握的問題，但是仍然沒辦法拿東西，純粹是不習慣手中握物，則可以利用以下的方式進行：

1. 將物件放在該生的手掌下方，讓它可以直接抓起，或是把玩具直接恰好的送到他的手中（例如：目標是堆疊方形積木，把積木放在桌上，拿另一塊積木堆疊在上方時），再直接放在已經堆好的積木上。

2. 把玩具（該生最喜愛的玩具或是食物）放在桌上，讓該生去拿。

3. 若孩子在抓握上的拿取還是有困難，則可以利用附有塑膠環帶的成品，讓該生容易拿取。

二　練習放開東西的動作訓練

有的孩子不能做「放」的動作，有的孩子是聽不懂「放」的指令，則處理的方式便要有所不同：

　1. 不能的孩子

(1)輕輕的敲打孩子的手背。

(2)在幼兒的大拇指的根部使力。

(3)大拇指的根部往外側拉出，甚至大人直接以大拇指自孩子的手背手指處，往手臂的方向推，手指的部分很快就張開了。

　2. 聽不懂指令但是有能力的孩子

(1)製造放開的動機。

(2)把彈珠先放在孩子的手上。

(3)下面放鐵製餅乾盒。

(4)要求孩子把彈珠放開。

(5)發出的聲響就能引起孩子有繼續抓握、繼續放開的動機。

三　抓和放的綜合和應用

利用套圈圈的遊戲訓練孩子抓和放的動作：

　1. 把圈圈放在手臂伸直能拿到的地方。

　2. 套圈架放在孩子的前面。

　3. 把套環一個一個的自遠處套至近處。

　4. 如此便可以訓練彎著手肘也能放東西的技巧。

　5. 換其他的教具繼續完成此抓握的練習，例如：堆疊積木、

下象棋……等，都是很好的策略。

四 ✎雙手協調的練習

一方面是訓練抓握和放開，一方面是為捻東西的動作做預備，可以使用的教具，必須是兩手方能操作的教具。

【作法一】

　　1. 把塑膠環兩兩扣好。

　　2. 要求孩子將之拆開。

【作法二】

　　1. 以黏扣帶的子帶和母帶分別貼在兩塊相同形狀的積木上。

　　2. 要求孩子一一拆開。

　　3. 把散落在桌上不同形狀的積木翻正。

　　4. 要求孩子找到相同的積木。

　　5. 兩兩黏貼。

　　6. 再要求兩兩拆開。

【作法三】

　　1. 拿一個寶特瓶，打開瓶口。

　　2. 一手拿彈珠。

　　3. 把遠處的彈珠放在近處的寶特瓶內。

五 ✎練習捻東西的動作訓練

【作法一】

　　1. 指導者將黏土搓成長條。

2.一手拿黏土。

3.一手將黏土捻一小塊。

4.放在盤子裡面。

5.在協助下將小塊的泥土在桌面上搓成圓球（或是在協助
　下完成搓的動作）。

【作法二】

1.番薯葉一把。

2.一手拿主梗，一手拿葉子。

3.做捻的動作。

4.一一把葉子放在托盤中。

5.在協助下將葉子洗乾淨。

6.放到鍋子裡炒熟。

7.讓孩子嚐一嚐自己的成就。

8.但若是孩子不喜歡吃蕃薯葉就不宜，否則日後他會因不
　喜歡吃蕃薯葉而不願意捻。

【作法三】

1.捻硬幣。

2.放到存錢筒裡面。

3.家長協助把存錢筒的投幣孔 ▯ 依照孩子的手勢擺放，讓
　孩子很輕易的達成目標。

4.接下來把投幣孔 ◇ 朝不同的方向擺放，協助孩子適當
　的將手勢轉向，讓孩子很輕易的達成目標。

5.接下來把投幣孔 ◇ 朝不同的方向擺放，讓孩子學習轉
　動自己的方向來適應投幣孔。

六 提高動作的協調性訓練

加強以上動作的正確度和協調性，結合不同的教材加以練習使其流暢度更好。

【作法】

1. 將圓形的塑膠積木 ⊛ 串起來成一條項鍊放在有一段距離處。
2. 逐步將積木片一一拆開。
3. 再把積木片一一投入存錢筒的投幣孔中。
4. 投幣孔 ⬚ 可以朝不同的方向擺放，增加其困難度，讓孩子學習轉動自己手的方向適應投幣孔。

七 投和敲打的動作訓練

投球和敲打是比較需要更高協調力的動作，積木、套圈圈、沙包、布球或是塑膠球、皮球，都是可以運用的教材。

【作法一】

1. 將堆積好的積木放在有一段距離處。
2. 拿大的球丟投，將積木推倒。
3. 再拿小一點的球（布球或塑膠球皆可以），對準積木丟投，讓積木倒下。

【作法二】

1. 保齡球瓶依序放在有一段距離處。
2. 拿保齡球丟投，將保齡球瓶推倒。

3. 數數看到底倒了幾支保齡球瓶，幾支沒倒？比賽看看誰
比較厲害！

如果沒有保齡球，可以以襪子球來替代，其做法如下：

圖1　將兩隻襪子攤平

圖2　重疊後自襪尖往襪口摺

圖3　摺至襪口處停止

圖4　將其中一只襪口撐開

圖5　反摺將其他部分包起來

圖6　以色紙將襪子包起來，再以膠
帶或是塑膠袋包裹固定保護

八🖊綜合練習

這個階段可以訓練的目標是綜合機能，運用各種不同的教具，來訓練孩子的手部機能。

【作法一】

教材：螺絲的組合玩具。

1. 約十組螺絲組合玩具。
2. 將已經組合好的螺絲請小朋友轉開。
3. 分別放在兩個托盤中。
4. 螺絲帽和螺絲分別置放。
5. 大人先拿一個，要求小朋友拿出另一個對應組。
6. 將之組合好。
7. 鼓勵小朋友的認真。

【作法二】

教材：以橡皮筋串連，將襪子球懸掛在天花板上，或是大人手拿著。

1. 請小朋友以自己的手拍打晃過來的球。
2. 必須要注意的是，當球往前拍打出去時，大人要注意把球移開或抓住，以免球彈回來打到孩子的臉。
3. 若孩子的能力有提升，則以短臂的羽毛球拍來替代手。
4. 最後才以塑膠棒球擊發。
5. 而同時大人提供的協助，也須適時的逐漸褪除。
6. 當球彈回來的時候，孩子必須嘗試自己躲開，若因此而被打到也沒關係，因為襪子球很軟不會造成危險。

【作法三】

撕貼的遊戲一：

色紙五張（紅、黃、藍、綠、黑）、膠水、白色圖畫紙（畫五個圓）。

1. 把色紙撕成小張。
2. 依照顏色請小朋友找出來。
3. 一一將同色的色紙貼在同色的地方。
4. 鼓勵小朋友的認真。

【作法四】

撕貼的遊戲二：

色紙五張（紅、黃、藍、綠、黑）、膠水、白色圖畫紙（畫五種日常生活中常看到的東西）。

1. 把色紙以剪刀剪成小長方形（指導者先將色紙剪成一公分寬的長條型）。
2. 依照顏色請小朋友將之貼在指導者所畫的日常用品上。
3. 透過剪貼來認識生活中常會使用到的物品名稱。
4. 鼓勵小朋友的認真。

在訓練孩子運用自己的手指操作的過程中，仍然會因為孩子本身的行為困擾，而導致訓練過程會遇到以下的困難，例如：

1. 有一些自閉症的兒童喜歡看自己的手指，甚於運用手指做事，沉溺其中時，相對的對外界便缺乏探索的動機，在此雙重的困難之下，對於接受新事物或新技能上都有一定的困難點。
2. 有一些觸覺過度敏感的孩子更不願意手上有握物的感覺，這對於操作上也會造成困擾。

3. 有一些智能發展比較慢的特殊兒童，由於認知發展的障礙，在訓練精細動作的過程也會遇到一定程度的困難。

4. 有一些對於操作上有固著行為的個案，因為對於操作上的固執性，重複的操作某一固定的精細動作，例如：任何教具教材只願意做排列而拒絕改變操作的模式，這也會造成訓練上的障礙。

5. 有一些發展遲緩的兒童在動作的計畫上有其困難，他們對於須透過數種步驟才能完成的教材無法事先預測下一個動作，同時雙手的操作上也會稍嫌笨拙，甚至無法有流暢性的運作。

6. 注意力缺損過動症的孩子，因為他們的衝動性，運作上多屬於嘗試錯誤的方式操作，這也會造成學習精細動作時的障礙之一，所以在教導時必須注意到，先要求孩子停／想一想／再開始做，如此才能事半功倍。

7. 視覺的障礙也會是精細動作發展的限制之一：筆者曾經碰到一位輕度智能障礙的兒童，在與該生互動的過程中，發現該生的智能和在操作領域二者的落差相當大，因而建議家長儘速到眼科做更進一步的檢查，結果發現該生有視力方面的問題，經過手術和眼鏡的矯正，終於突飛猛進，在很短的時間進步神速。

　　附註：由於該生對於醫院的排斥性相當大，每次在診間都是以哭鬧收場，因而視覺方面的困難（兩眼的協調有障礙）遲遲未被診斷出來。

綜合以上的說明，我們可以知道，精細動作的訓練就是運用

手指、手腕和協調雙手來進行活動，而在訓練精細動作的過程必須考量其先後順序，從最初的整個手掌觸摸或是抓握物件，再來是運用手指的拿放物件，以及使用指尖靈活細緻的操作物件，最後才是雙手的協調進行活動。當手指的小指部位（尺側）操作熟練之後便會往拇指的部位（橈側）轉移，而手腕發展到最後，才能挺直手腕操作物件，以解決日常生活所面臨的問題。

　　另一方面在增強手指的靈活度和力量方面，要常常：

　1.提供不同大小、重量、材質的物件。

　2.讓孩子拿或放，五指的個別或分與合的練習。

　3.雙手同向的操作物件。

　4.反向的操作（撕紙條、擰毛巾）。

　5.一手固定物件，一手操作物件（剪紙）的技能。

　　最後要談到手眼協調對於精細動作訓練的重要性，所謂手眼協調便是小肌肉的操作與知覺能力的組合而成，而所謂的視知覺便涵蓋：

　1.視覺的對焦。

　2.視覺的追蹤。

　　當視知覺的能力建立後，顯現於日常生活中，例如我們必須透過視覺所提供的訊息來改變活動的方向及力量的大小。例如：

　1.同樣是球從前方朝著我們滾過來，如果是小的塑膠球，我們所提供的回應會是**輕輕的用一隻手撥回去**。

　2.如果是一顆如籃球大小的保齡球，那我們便會兩手在身體前方先準備好，當球到來的時候便會**用力的推回去**。

　　透過以上的訓練方能促使特殊需求者的生活自理技巧、書寫的技能、職前的練習，甚至到以後的職業訓練有一定的助益。

陸　單元說明

本書區分為五大單元，其中四個單元是關於生活自理，最後一個單元是實用技藝：

1. 盥洗沐浴篇。
2. 如廁與身邊處理。
3. 上衣穿脫與摺疊處理。
4. 長褲鞋襪穿脫篇。
5. 實用技藝。

每一單元皆有教材說明、注意事項、步驟，同時有示範圖片和使用的教具建議，並有注意事項說明，藉由條列式的解說，給予教師和家長最清楚的概念。

柒　訓練生活自理的基本原則

一、正確的選定目標

學習任何一項技能必須選定確實的目標，例如：若訓練的目標是希望孩子吃一樣新的食物，當孩子處於排斥階段，為了技巧性的能將新的食物以增強物蓋住，則拿湯匙餵他，增加孩子吃的動機，這是可以被允許的。但是隨著孩子對食物的適應，餵食的

行為則要慢慢的褪除。常常看到很多老師除了要求學生自己拿湯匙，還要吃下自己不喜歡的食物，讓學生左右為難，情緒困擾應聲而起，長期下來，吃飯時間很可能變成孩子的情緒爆發點。

二 以工作分析的方式進行教學

針對一般孩子而言，對於日常生活所需的技能，他們會透過觀察或強迫自己去做，自然而然就學會，這是孩子成長的必經過程，無須分析得太仔細。但是很多有障礙的孩子，其困難就在此，面對複雜行為，如果沒有經驗就會產生很大的障礙，因此在教學的基本態度上是與一般孩子有異的（張澄，民78），而**工作分析就是幫助孩子學習的一種教學策略，其做法就是把一件欲學習的目標，分成一項項細目，再要求孩子一個步驟一個步驟的完成。**

以洗手為例，首先是要：

1. 認知到手髒了。
2. 走到水龍頭的地方。
3. 打開水龍頭。
4. 沖洗雙手。
5. 關水龍頭。
6. 拿起香皂搓洗雙手。
7. 打開水龍頭。
8. 沖洗香皂。
9. 擦乾雙手。

依其年齡及社會或障礙的程度，連貫的環節與步驟會有所不

同。例如：有些障礙程度較重的孩子，在第六個步驟上，就必須加入：6-1 右手手心搓左手手背；6-2 左手手心搓右手手背；6-3……。

　　生活自理的教學可以區分為：

　　1. 正向連鎖。

　　2. 完整連鎖。

　　3. 反向連鎖。

　　例如：穿鞋子在一般人而言是一項很簡單的動作，但是對某些特殊兒童而言是一項相當艱鉅的工作，因為它包含了：左右腳的分辨、打開魔術帶的技能、拉開舌布的技能、腳能夠套入鞋子裡面的技能、食指在鞋跟做勾的技能、貼魔術帶的技能。為了能夠很清楚的教會學生穿鞋子，必須把以上的流程一一寫下來，再依照步驟一一審視孩子有哪些步驟有困難，再一一解決，此即工作分析的功能。

　　例如：要訓練孩子能自己穿有黏扣帶的鞋子，則可以將穿鞋子分成以下幾個步驟：

　　1. 拿起鞋子（以右手大拇指和其他四指撐開，伸進左鞋及右鞋內，一手拿起兩隻鞋子）。

　　2. 正向擺好在雙腳的前面。

　　3. 拿起右鞋。

　　4. 打開黏扣帶。

　　5. 舌布拉起來。

　　6. 右腳套進去右鞋。

　　7. 食指伸出來。

　　8. 往鞋跟的地方勾一下（讓腳跟置入鞋跟中）。

9. 整理舌布。

10. 扣黏扣帶。

11. 重複步驟 *1.* 到步驟 *10.* 。

㈠以正向連鎖的方式

指導的方式是，先教孩子步驟 *1.* ，拿起鞋子的動作，其他的部分步驟 *2.* 到步驟 *10.* ，則在協助的狀況下完成；當孩子學會了第一個動作之後，接下來讓孩子完成第一個步驟，再教他步驟 *2.* ，步驟 *3.* 到步驟 *10.* 在協助下完成，直到學會步驟 *1.* 到步驟 *10.* 的所有動作。

㈡以反向連鎖的方式

指導的方式是，步驟 *1.* 到步驟 *9.* ，皆由指導者在其協助下完成，最後一個動作再由孩子學習完成。此方法是針對挫折容忍度比較低的孩子，讓個案有學習的動機，增加其成功的機會。

㈢以完整連鎖的方式

指導的方式是，每次的練習都是從步驟 *1.* 到步驟 *10.* ，皆由指導者教導下完成，此方法是針對學習能力比較好的孩子，讓個案每次的練習都是完整的學習。

三 執行之前必須評估起點行為

每個孩子都有其不同的個別差異，過於簡單的目標會延緩孩子學習新技能的時間，相反的過於困難的目標會抹煞孩子學習的

動機。所以評估個案目前的能力是有其必要性的。例如：已經學會自己穿衣服的孩子，還在教他脫衣服的技能，這便是浪費時間的例子。又例如，還不會拿夾子夾物品，就教他要使用筷子，這也是未能正確評估其起點行為之另外一例。

四　注意指導語的一致性，待個案熟悉之後，再逐漸增加不同的說法

容易被忽略的問題是，指導者常常同一種動作前後說法不一致，因而造成個案無所適從。例如：魔術帶、黏扣帶、子母帶、魔鬼氈，諸如此類容易造成學生的混淆，然而很遺憾的是，輔導者卻仍不自知，而一味的怪罪孩子學不會。這種狀況也很容易發生在學校和家中指導者的說法不一，也會造成孩子的困擾。

若孩子的能力佳，則建議慢慢增加詞彙的量，亦無不可！以目前的特殊教育融合的趨勢，障礙程度較輕的個案，日後必須生活在社區當中，與一般孩子共同學習和生活，因此了解不同的語彙有其必要性，更有助於生活的正常化。

五　以循序漸進的方式進行教學

學習是有其階段性、連貫性的，而非跳躍式的，筆者曾經看過一個案例，某生尚不會脫襪子，而家長卻一直要求該生要自己穿襪子，該生的挫折可想而知，該生情緒無法得到紓解，問題行為頻傳，此時特教老師與家長不斷以行為改變技術矯正其不當行為，徒增時間與金錢的浪費。經過討論與建議，才發現教學目標

設計不當所衍生出來的問題，於是經過當場的指導，教導老師與家長正確的指導原則後，行為問題得以迎刃而解。

也常常看到有的幼兒才剛剛去除奶瓶，而心急的指導者便立刻要求其單手拿杯子，其後果可想而知；因此孩子常常有拒喝而且拒絕自己拿杯子的狀況。此時家長再來責怪孩子，實屬不妥，比較正確的做法是：把牛奶倒在有蓋子、兩邊都有把手的杯子裡面，結果孩子的進食問題得以迎刃而解。但是必須要注意的是，有的特殊孩子並不是能力的問題，而是其固著行為所造成的拒絕改變，例如：自閉症的個案，這時候的處理方式就要採取不同的模式了。

六　增強物的調查實施紀錄

增強正向行為的產生與持續，往往有賴於增強物的使用，因此在進行教學之前，調查孩子的增強物是有其必要的，適度的增強物也能夠達到教學事半功倍的成效。曾經指導過許多偏食的個案，個人便利用洋芋片、蕃茄、泡麵、海苔等的增強物，成功的矯正其不吃蔬菜的問題，其做法是：把增強物放在湯匙上面蓋住不吃的食物，或是吃一口飯，再吃一小片洋芋片，如此有些孩子吃飯將會較正常化。

七　依正常發展的程序養成新的行為

教導特殊兒童的生活自理或其他的精細動作，必須了解正常孩子的發展，若違反正常發展的程序來訓練孩子，徒增學習上的

困擾。

八 記號的使用是有其必要性的

　　有部分重度、極重度的孩子，可能因為無法分辨左右邊，而無法完成穿鞋子的步驟，這時候記號的運用，便可以讓孩子很輕易地完成穿鞋子的步驟。其方法便是：在右邊或左邊的鞋子上面貼一張貼紙（視孩子的慣用手為右利或左利而定，如果慣用右手，右鞋的鞋面貼一張貼紙，左手為慣用手，則反之），但是站在正常化的立場上，記號的使用最好能由明顯再逐漸縮小，最後褪除。

九 教法、要求一致性

　　學校與家中教法要一致性，往往孩子在學校已經學會的技能，回到家裡又破壞殆盡。例如：訓練孩子自己上廁所尿尿，若在學校老師很盡職的訓練，一回到家中，家長為了方便又讓個案包尿布，則這樣的訓練往往成效不彰，事倍功半，所以最好的方式便是，學校與家庭訓練的一致性，方能達到最佳的功效。

　　要求一致性：有時候，有的家長會因為趕時間，所以對孩子的要求有時比較鬆，有時比較緊，例如：如果時間比較寬裕，家長便會等孩子自己把鞋子穿好；如果時間不夠了，便著手幫孩子穿。在此種情形之下，更讓孩子混淆到底是否要自己穿鞋子。但是有些緊急的狀況或趕時間的情形下，孩子又在鬧彆扭，此時可以用力握住孩子的手，一起穿上他自己的鞋子，千萬不要全程代

勞。在不舒服的情況下，有一些小朋友會選擇自己穿，而有些孩子則會愈鬧彆扭，此時個人的做法便是，握住他的手，一起把他自己的鞋子穿起來，同時會一邊稱讚他，哇！○○○你好厲害，把鞋子穿起來了！藉此轉移其情緒！但是切記——千萬不要個案一鬧脾氣，便完全代勞，因為這會成為孩子操縱你的武器！

✏️ 針對不同的個案必須有不同的教學策略

　　每個孩子皆有其優勢管道，例如：有的孩子是視覺優勢，有的孩子是聽覺優勢，有的孩子是觸覺優勢。透過細心的觀察，正確的運用孩子的優勢管道學習，設計其不同的教學策略，較能達到成效。

　　例如：視覺優勢的個案，進行穿上衣的練習時，最佳的教學方式是把穿上衣的流程以圖片畫下來，或是以相片來呈現，依序將穿衣服的順序，貼在平日穿衣服的地方，作為穿衣服時的視覺提示。

　　聽覺優勢的個案，則依序將穿衣服的順序，以錄音帶錄起來，讓個案熟悉其步驟，平日穿衣服時，可以一邊穿一邊聽錄音帶作為提示。

　　觸覺優勢的個案，記號的製作便可以使用魔術帶的子帶，同時更需要增加操作的機會，透過重複不斷的練習，則較能夠將此技能學會；也可以在教學的活動中，結合多感官的活動設計，活動的比例則依其優勢管道分配之。例如：對於一個重度的孩子，平時都不聽指令，但是對於圖片卻又很喜愛（視覺優勢），這時候便可以以圖片製作成穿衣服的流程，而且以黏扣帶在其所穿衣

服上做記號（應做記號的地方，在後續會加以說明），貼在平日穿衣服的場所，同時在穿的過程中，亦可以輔之以錄音帶，一邊穿，一邊看，一邊摸其記號，藉由視、聽、觸、動的結合，達成學習的目的。

十一 運用遊戲的方式來學習

　　在學習一項新的生活自理技能時，學習動機是一項教學成效與否的關鍵，而以遊戲方式代替嚴肅的教學，往往是除了原級增強（即餅乾、糖果、……等孩子喜愛的食物）之外的另一項利器。例如：為了加強孩子穿脫的動作，可以設計活動，將數個呼拉圈放在地上，要求個案依次跨進去呼拉圈—蹲下去—把呼拉圈經過頭上—最後再放在地上，透過活動來練習穿長褲、脫上衣的動作技能。

　　或是，輔導者將呼拉圈拿給個案，再要求個案將呼拉圈經過頭部再經過肩膀最後再跨出呼拉圈，藉此練習穿上衣和脫長褲的動作技能；練習拉拉鍊的動作時，可以結合音效：ㄒㄩ……ㄅㄥˋ，增加個案拉拉鍊的練習動機。

十二 大原則的遵循

　　生活自理的教學中，共通的教學原則是：先教短袖短褲再教長袖長褲，先教穿脫寬大的衣物再教穿脫合身的衣物，先教脫衣物再教穿衣物；穿脫鞋子和穿脫襪子亦然；理由是所有的衣物穿脫皆先學會脫再學會穿，因為脫比較簡單，若沒有依照其順序教

導，往往會造成個案因學習困難而降低學習的意願。

十三 適合社會化的原則

男生要站著尿尿，女生要坐在馬桶上尿尿，如此才適合一般社會化的原則。但是除此之外，男生若是因為生理方面的因素導致站立的困難，則有兩種做法，其一是利用輔具讓個案站著，另外一種途徑是選擇個案可以達到的方式進行，例如：坐在馬桶上尿尿。

十四 兒童座位高度要適中

筆者常常發現，有些家庭或機構的桌椅，沒有視孩子的高度而做調整，導致椅子過高，兩腳無法著地而懸空，使個案因重心不穩，常常為了平衡自己的身體，而影響吃飯的動作學習，或不願意坐在位子上吃飯。但是有的機構或家庭，因為是使用過去已購買的椅子或桌子，故無法做調整，在此情況之下，除了墊高椅子的座位高度外，建議同時要將椅子整體的高度墊高，如此個案方能腳踏實地，安心的吃飯或學習。

十五 訓練者的座位要視個案的需求而訂

老師所在的位置有時候也會影響個案的學習動機。例如：有些個案會因為面對老師而備感壓力，導致拒絕學習，此時老師只要從個案的背後加以協助，則個案便可以學習的很好；有些個案

則會因為老師或家長從背後協助他，為了想看輔導者的臉，而不斷回頭，影響學習的效果，此時，輔導者就有必要換到個案的面前指導之。

　　有觸覺刺激方面問題的孩子，更要小心教導的過程，首先要讓孩子熟悉整個環境及讓孩子有絕對的安全感後再進行課程，與孩子面對面溝通的時候，姿勢應是與孩子的視線呈水平，而且面對著他，更不要以由高處往下看的方式進行，否則將會造成學生更大的壓力。

　　當必須和孩子有身體上的接觸時，要先讓孩子知道你將要碰觸他的身體了，否則，一旦做出令有觸覺防禦的個案厭惡的動作後，那就很難再讓這些孩子喜歡或信任你，更不用說牽他們的手進行生活自理的學習了。

　　對於腦性麻痺的孩子，提供正確的擺位也是非常重要的項目，例如：幫助孩子頭和身體要擺在正確、對稱的位置，以防止不當的動作姿勢產生不良的影響。

十六　在愉快的氣氛下進行

　　吃飯是一件很愉快的事情，適當的音樂有助於進食的訓練，但是必須注意的是，有的個案對於有歌詞性的歌曲，會做動作或搖頭晃腦，反而影響吃飯的學習，例如：唐氏症的個案，所以音樂的選擇不可不慎重；另外，常常會發現，特殊兒童很容易將情境和學習做不當的連結，例如：練習夾東西，當個案夾不起來時，輔導者每次都加以斥責，久而久之，斥責和夾東西便進行連結，在這種緊張的氣氛當中，個案便會更加的排斥此項學習，同

理，若個案曾經因吃飯不當被打或是噎到，也會造成排斥。

十七✒趣味化的學習

有時候生活自理的訓練需要加入一些有趣的音效，例如：搭配音樂做漱口的動作。

十八✒必須考量其隱私權

任何一個個體不管智力如何，不管懂不懂，都需要被尊重，常常看到很多家長或老師，常常為了方便，在大庭廣眾之下便幫孩子換尿布，或是換尿濕的褲子，諸如此類的狀況必須考量其隱私權，到廁所或拉下門簾才做替換的工作，因為，愛他（她）就要尊重他（她），不管智力，不分年齡，也不分障礙類別。

十九✒除了隨機的情境下練習外，亦必須注意製造練習的機會

很多技巧的學習，往往不是隨機情境下練習便足夠，必須製造情境，增加個案學習的機會，例如：教導能自己吃飯的技能，平日除了平常的點心多利用碗盛裝，讓個案用湯匙舀之外，精細動作的練習則可以搭配舀沙子、舀豆子、舀石子的動作等，以增加舀的動作學習，若單單只靠吃飯時間來學習舀的動作明顯是不足的。

二十 ✎除提供充分練習的機會外，更不能製造困境，適度的協助是有必要的

有時候家長為了讓孩子及早學會某項技能，以便儘快獨立自主，常常會提供孩子練習的機會，但是卻忽略了部分協助的需求，因此，個案長處於挫折當中，學習效果易打折扣。

二一 ✎多方面思考，不要預設立場

千萬別為孩子預設立場，要有多方面的思考和觀察的能力，往往因為大人狹隘的思考，誤判個案的起點行為，或問題的癥結點，因而個案的學習不見起色。例如：曾經有一位家長騎摩托車載幼兒上學，幼兒卻沒有戴安全帽，經詢問之下，家長告知個案不戴安全帽，但是透過筆者多次的觀察與測試，結果是個案的頭較大，安全帽太小了，擠得很辛苦又很痛，所以一要他戴安全帽，他當然就哭鬧不休，後來筆者利用以下的策略讓該生不再排斥戴安全帽，其方法如下：

1. 該生要回家的時候，一手拿一頂大人的安全帽（比該生頭圍大的安全帽）。
2. 一手拿海苔片，詢問該生是否要吃海苔？該生點頭，於是順勢的把安全帽往該生的頭上戴，然後故意引導注意力在海苔上。
3. 這時候，協助該生以雙手把海苔撕開，讓該生吃海苔，當他的注意力在海苔上，很自然的就忽略掉頭上的安全帽了。

4. 隔天詢問他要吃海苔嗎？藉由他的同意，聲明但是要先把安全帽戴在頭上，他也同意。

5. 第三天就理所當然的告訴他「坐摩托車要戴安全帽」。

6. 第四天該生一坐上摩托車就自動要求戴安全帽了。

當去除其不良經驗之後，個案就相當喜歡戴安全帽，坐摩托車來做治療或出去兜風。

二二　先了解孩子的生活環境與生活方式，進行課程的設計與目標的擬定

有一些輔導者，設計小朋友教學目標的時候，往往沒有顧及小朋友平日的生活環境，而設計一些平日用不到的技能，例如：教導特殊幼兒使用熱水瓶，而該生家中的設備是冷熱水飲水機，因此該生雖然在學校已經學會使用熱水瓶，但是回到家還是不會使用家中的飲水機，教導的意義不大。

二三　充分利用現有的教具，提供精細動作所必須具備的能力

很多幼兒的家庭常常會購買相當可觀的教具，但是經過了一段時間之後，幼兒學會了該項技能，教具可能擱置而不再繼續使用；其實只要適當的修改與應用舊有的教具，搭配不同的教具還是可以提供精細動作所需的技巧。例如：串珠、小方塊、……，透過蒟蒻空盒的運用，皆可以互相搭配使用，成為有意義的教材。

二四 ✐ 在學校中，點心歌的使用是訓練其等待與常規的最佳策略

常常可以看到很多小朋友吃點心的時候，迫不及待的看到食物便伸手去拿，絲毫沒有等待的概念，為了修正此不當的行為，點心歌的使用是相當不錯的策略。因為在等待的過程，可以讓孩子辨識自己的毛巾，拿毛巾擦自己的手，最後把毛巾摺好，再把毛巾放回托盤中……，以上皆是訓練其常規與等待的最佳時機與情境。

二五 ✐ 適時的輔具介入可以增加成功的機率與減低挫折的機會

有很多肢體上有問題的小朋友，常常會因為生理的問題，無法拿碗，甚至無法握住湯匙，若要求個案拿一般人的飲食器具來進食，那麼終其一生可能無法達到此目標，皆要靠他人來餵食，這時候，輔具的積極介入是有其必要性的。

在進食部分的輔具，若有抓握方面的困難，則可以透過石膏或是泡棉等不同的材質在湯匙握柄上加粗；若個案連抓握的意願都沒有或是本身沒有抓握的能力，則也可以考慮選用萬用套，將湯匙或是叉子直接插在套子上，個案不需要抓握湯匙，便可以自行進食。若個案有關節方面的問題，導致有某些固定的角度無法靈活運用，則可以選用有角度的湯匙、旋轉湯匙、湯叉，或是加長柄的湯匙，有角度的湯匙握柄和湯匙面之間，有一定的折角，

可以使湯匙靈活任意旋轉 360 度，還是可以保持湯匙的面永遠朝上，這兩種湯匙可以適用於關節活動度不足的個案。若個案手臂的耐力不足，則可以使用移動性手臂支架，這種支架可以讓個案手臂放在支架上，增加其活動度和持續度。其他如：止滑墊可增加碗盤在桌上的附著力，使之不隨意滑動；長吸管則是針對有些頭部活動受限的個案；吸管架是針對手持吸管能力不好的個案而設計的；而邊緣加高的盤子則是針對個案的手部控制能力不好，防止食物舀出盤子外而做的設計。針對腦性麻痺的個案所使用的缺口杯，亦是協助其喝水或飲料的另一種選擇。

　　在清潔方面的輔具：有電動牙刷、或是加長柄的梳子或牙刷，其他如萬用套的使用亦可以達到梳洗的功能。

　　在穿脫衣物方面則可以使用拉鍊扣環、穿襪器、長柄鞋板、穿衣棒、長柄取物夾，以上輔具都可以來協助關節活動度受限的個案。長柄取物夾是一長長的夾子，可以協助個案將距離較遠的物體勾住，並拉近距離得以取物，可適用於坐輪椅的肢障者使用。

　　如廁訓練的輔具：如馬桶旁邊的扶手、馬桶增高器，此用具可以增高馬桶的高度，方便個案轉位。

　　沐浴方面的輔具：則包括針對站立能力差或是穩定度差的個案而設計的淋浴椅；專為轉位能力不足的個案所設計的轉位板，透過轉位板便得以自行從輪椅轉位到浴缸；至於有些個案關節活動度不佳，則長柄海綿刷或是加了繩子的肥皂便是適用的輔具；浴室止滑墊則可以避免在浴室中滑倒，而安全抓握把等輔具，則可以增加站立能力不佳的個案支持的力量。

二六 視覺線索的使用有其必要性

有很多身心障礙的小朋友，常常無法分辨左右邊，所以視覺線索是有其必要性的，例如：在右手右腳的拇指塗上蔻丹，或是右手右腳貼上刺青貼紙，如此有利於右手右腳的辨認，最後在右鞋貼上紅色貼紙，讓孩子很容易透過配對來完成右鞋右腳的動作；又如：小男生在上廁所的時候，常常因為站的位置不適當，會把尿尿灑出馬桶外，因此在馬桶前面的地上貼上一雙腳印作為視覺線索，當孩子要尿尿的時候便可以站在腳印上，如此便不會因站的位置不當而尿到馬桶外面。

馬桶的沖水按壓部分貼上指印，錄音機的 Play Stop Eject 以不同顏色的膠帶貼好，以利個案分辨之用，以上皆是視覺線索的使用方式，效果佳。

二七 防止危險的技巧轉移

在生活自理的範疇上，食物的處理常常會發生危險，例如：切圓形的水果時，常常會因為操作不當，而導致割傷。筆者發現，常常導因於水果本身的重心並不穩，切下第二刀時，便很容易切到自己的手，其改善的方法便是：切第二刀時，平面部分朝下（砧板當然一定要保持乾淨），圓弧的部分朝上，如此便不會有重心不穩的情形，手也比較不會被割傷。

二八　提供各式各樣的衛生設備

　　人類是社會環境裡面的一環，尤其是障礙程度較輕的孩子，日後的生活環境，更有可能獨自面對各種不同的情境與設施，因此從小教導其適應各種不同的環境更是一件重要的課題。障礙程度較重的孩子，雖然學習速度較緩慢，但是社區的適應，卻也是教學工作中重要的一環，透過實際情境的演練，讓重度身心障礙者戶外教學時，也能有機會接觸與使用不同的衛浴設備，才不會因為外面的衛生設備不同，而面臨必須穿著紙尿褲才能成行的窘境。

二九　善用同儕的力量

　　有些個案亦可以善用同儕的力量，促使其執行厭惡或恐懼的技能。例如：曾經有一位自閉症的九歲剛入班的男生，非常害怕坐馬桶排便，一定要穿紙尿褲才願意大便，經新生家訪得知，此生之母親自小至今皆幫該生包著尿布大小便，猶記得家長當場說的一句話：「我不知道這種孩子大小便可以不用穿尿布！」

　　後來筆者便是運用同儕的力量，協助該生完成坐在馬桶排便的巨大工程。以下便是行為矯治的過程：

　　當該生的好朋友安安要上廁所大便的時候，我一定會帶個案坐在旁邊的另一個塑膠馬桶上，剛開始該生只願意站在旁邊一邊搓著自己的手，漸漸的，他願意坐在馬桶上（穿著褲子）等他的摯友大便，經過了數個星期後，待時機成熟後，再要求他把褲子

拉下來，坐在馬桶上，陪其摯友大便。於是逐漸的他也願意配合在吃飽飯後坐在馬桶上排便。

解決在學校排便的問題，但是該生回家後還是不願意坐馬桶，所以便經過安安家人的允許，將安安坐在馬桶的相片，貼在該生家中的廁所牆壁上，過了數日，令人興奮的消息是，該生一看到摯友「跟他回家」，竟也願意坐在家中廁所的馬桶排便了。

但是有一點要注意的是，有一些幼稚園或機構，限於訓練生活自理時人力或設備的不足，會將不同性別的幼兒一起共用一間廁所，結果造成同儕之間的不當模仿。例如：曾經發生過女生的唐氏症幼兒在廁所小便的時候，看到男生站著尿尿，結果後來尿尿都站著尿，老師看到的時候，會要求她正確的方式，但是該生常趁老師不注意的時候站著尿尿，因為她認為跟同儕一樣站著尿尿有趣極了，事後花費了相當久的時間才把其不當行為糾正過來。

三十　食物的吃法要多變化

有一些特殊小朋友，會執著於吃水果的方式，例如：曾經發生過自閉症的小朋友吃香蕉一定要切成兩半，整條拿給他吃，他一定拒絕。後來經過家長的解釋方才理解。原來，個案家中有另外一個兄弟，所以吃香蕉的時候，媽媽怕他吃不完，所以便將香蕉切成兩半，弟弟一半，他一半，長時間以來，此生便養成固著的習慣，吃香蕉一定要切成兩半才可以。

因此筆者會建議，無論是吃任何水果，儘量以不同方式來呈現，例如：蘋果可以切一半或整顆用啃的；也可以切片，一次拿一片來吃；亦可以切成丁，使用叉子叉來吃；有時候也可以切成

小小丁狀，用湯匙舀；有時候也可以榨成蘋果汁來喝。主要就是讓個案適應不同食物的同時，也可以有不同的方式來呈現。

　　吃楊桃可以切成星星狀，用叉子叉來吃，也可以切成長條狀用手拿，諸如此類。

三一 ✎ 不良經驗的去除

　　有些孩子由於之前有不良的經驗，導致原本願意做的生活自理項目，後來卻極度排斥。例如：筆者有一位五歲的自閉症學生，原本每天吃完點心後，都會很樂意進去廁所刷牙洗臉，但是忽然有一天，筆者因故請假一天，隔天上班時小朋友吃完點心之後，該生說什麼都不願意進去廁所漱洗，大哭大鬧，情緒反彈非常大。經過了解，原來該生在前一天，自己趁代課老師不注意，爬到廁所的椅子上摔下來（因為該生太矮，平時老師都會拿椅子墊高）。由於此不良經驗，導致該生對該間廁所產生排斥與恐慌，再也不願意進去。

　　了解情況之後，筆者便帶幼兒先在外面洗手台刷牙洗臉，他也都很樂意的配合，接下來幾天，便利用該生喜歡玩水的習性，帶著他幫玩具洗澡、吹泡泡、玩舀水的遊戲，過了數天，在吃點心之前安排黏貼的精細動作活動，再要求該生洗完手才能吃點心（吃點心是一種增強），透過逐漸的減敏感方式，該生才又恢復昔日的作息，不過這已經是兩個星期以後的事了。

三二　餐具的大小要適中

筆者數年前在早期療育部門服務時，因為吃點心的餐具由家長自備，就常常發現有的家長為幼兒準備的餐具、碗或湯匙都很大，導致訓練上的困難重重（碗過大，不容易扶），因此在學習自行進食的訓練過程中，餐具必須選擇得當。

三三　製造給予個案學習的機會

例如：幫忙作家事。有很多家長為了怕麻煩，多一事不如少一事，所以能夠自己做的絕不假手他人，更不用說是發展遲緩兒童了。

三四　年紀稍長必須要求其後續動作的處理

年紀較小的幼兒，沒辦法完成清洗自身的整潔之外的工作，這是情有可原的，但是年紀漸長，便要學習後續的清潔工作。例如：洗完臉要學習清洗洗臉檯；洗完澡，要學習把衣服放進去洗衣籃中，香皂盒要歸位，地上所掉的頭髮要清理後放進垃圾桶中，為以後必須獨立的成年時光做準備。

三五　廁所內不放樟腦丸

廁所裡面的物品一定要視家中孩子的障礙狀況做調整，其中

一項便是樟腦丸的放置問題，家有蠶豆症的小朋友或是機構中的小朋友是蠶豆症患者，照顧者必須要留意浴室中或是衣櫥中不能放樟腦丸，以避免危及孩子的生命。

三六✎清潔劑的存放要適當

特殊需求的身心障礙者，若有智能上的困難，對於是非較無法分辨，因此很容易誤食清潔劑；甚至有很多自閉症的患者，對於瓶瓶罐罐特別有興趣，最常發生的事情是把所有的清潔劑倒出來，再把所有的罐子拿在手上把玩，因為這樣所造成的傷害時有所聞。

三七✎細心觀察孩子對於食物的選擇

很多孩子有偏食的習慣，照顧者必須清楚並仔細觀察孩子排斥的食物彼此之間是否有其共同點，有的孩子排斥綠色的食物，有的孩子排斥長條形的食物，有的孩子排斥軟的食物，若能找到其共通點，則對於偏食行為的改善比較有其著力點。

三八✎找尋最佳訓練的時機與地點

有些小朋友正在學習穿脫外套，為了增加其練習的機會，則可以選購長袖的圍兜，在幼稚園裡利用點心和午餐時間，透過每一次的圍兜穿脫，可以增加其練習的機會。

三九 了解孩子的障礙類別，預防甚於治療

有一些障礙類別的個案，容易出現對事物的執著或方式的堅持，若能即早了解，而事先加以注意，則很多問題行為比較容易避免。例如：有一些自閉症的個案，對於某種顏色有特別的鍾愛，若家長能及早注意此狀況，平日提供個案不同顏色的刺激，而不是一味的尊重個案的選擇，成為導致日後過度選擇的伏筆。

之前，筆者曾指導一位自閉症的學生，母親相當寵愛他，基於尊重孩子的立場，該生的日常用品，皆帶該生前往自行選擇購買，舉凡衣服、毛巾、漱洗用具、書包、……，諸如此類，皆是綠色。

上課的時候，只要是分發教具，他一定想盡辦法把綠色的教具據為己有，曾經在上音樂治療課時，該節活動的主題是：彩球的故事，該生就因為分到的球不是綠色的而攻擊他人。預防甚於治療的重要性可想而知。

四十 主動提供各種工具器材，增加動作技能的學習機會

提供各種文具用品，例如：彩色筆、色紙、釘書機、膠水、圖畫紙、廣告傳單、剪刀、膠帶、雙面膠……等文具，練習剪、貼、撕、搓等精細動作，皆有助於生活自理的學習。

四一 🖊 類化能力的加強

　　生活自理很重要的部分是類化的能力，有的孩子知道每天要
澆水，但卻無法分辨為什麼下雨天不用澆水？

　　也有一位十二歲自閉症的個案，平日的工作是將垃圾拿到垃
圾桶，有一次學年結束時，當老師把學生的棉被放進黑色垃圾袋
中，準備讓學生帶回家時，該生竟然將所有的黑色垃圾袋丟進垃
圾子母車內，導因於該生並不知道原來黑色垃圾袋中所裝的東西
不一定是垃圾，這就是類化能力不足之故。

　　某生總會困惑，他在學校喝水的塑膠杯叫做「杯子」，家裡
玻璃做的杯子為什麼也叫杯子？自閉症的個案尤其類化能力不
佳，導致在讀取指令部分也會有困難。例如：「拿杯子給我」，
因為他不知道桌子上面的東西也叫做「杯子」，所以當然無法達
成所要求的指令，類化能力的重要可見一斑。

四二 🖊 可以使用遺忘的策略

　　吃飯的時候，每個人都有一支湯匙，只有某生沒有，這是採
取故意忘記的策略！讓孩子主動的提出自己的需求：「我要湯
匙」，透過此種策略，不僅可以達到生活自理的要求，還可以學
習語言的表達。

四三✎新奇策略的使用

有時候利用一些教具或教材與平日不一樣的玩法藉以吸引孩子，這也是讓孩子願意介入課程的另一項策略。

四四✎見而不及的策略運用

孩子肚子餓的時候，把泡好的奶瓶或是食物放在架子上，讓孩子看的到拿不到，讓孩子有「說」的意願。透過這種小技巧，也讓沒有口語能力的孩子能夠以手勢或是指著圖卡的方式，來達到學習的目的。

四五✎違反期望的策略

吃飯的時候故意拿湯匙柄舀菜，讓孩子因奇怪而注意到指導者，當孩子覺得很奇怪的時候，再加以協助提出疑問。

四六✎漸進的策略

對於孩子的學習，必須以逐步建立的方式讓他們能夠接受較為適當，例如：對於孩子不喜歡吃的東西，剛開始只要求吃一口，接下來吃兩口，再逐漸增加食物的量。

四七✐中斷或延宕的策略使用

　　故意打斷孩子正在進行的動作，再詢問孩子正在進行的動作為何？當孩子在引導下說出來之後，再讓他繼續進行。

第一單元 ── 盥洗沐浴篇

1-1 毛巾處理（取、洗、擰、掛）

1-1-1　取毛巾

教　材	1. 有正反面區分的毛巾。 2. 毛巾大小最好是長方形的小毛巾。
注意事項	請使用固定式的毛巾架。
步　驟	1. 伸出食指、拇指。 2. 雙手從毛巾兩端提起。

　　一般毛巾擺放的方式依每個家庭的使用方式而有所差異，有的是以毛巾架的方式，有的是以掛鉤的方式，毛巾架比較容易拿取而掛鉤比較難。有時候為了順應家中的擺放方式，需要手功能較差的孩子將毛巾以掛鉤的方式掛在牆上，則可以將毛巾上的布掛鉤，以塑膠掛環來替代，讓孩子更容易操作。

1-1-2　洗毛巾

教　　材	使用過的髒毛巾、掛在毛巾架的毛巾、擦桌子的抹布。
注意事項	抹布或是毛巾不能太厚，以孩子的一手能抓握為主。
步　　驟	1. 左手抓住毛巾的一端。 2. 右手抓住毛巾的另一端。 3. 集中力量，用力搓洗5次。 4. 換邊，集中力量，用力搓洗5次。 5. 打開毛巾，集中力量，用力搓洗5次。 6. 換邊，集中力量，用力搓洗5次。 7. 視毛巾髒的程度，增加搓洗的次數。

　　洗毛巾的過程，因為考量到孩子的手掌大小與動作的協調問題，一手握住毛巾，另一手才做搓洗的動作，同時在訓練的過程中會發現，有的孩子會拒絕洗毛巾。筆者曾經試著以「社會故事」的方式：「毛巾髒了，就要洗毛巾！」成功的矯治一位視多重障礙的學生，該生願意擦桌子也願意洗臉，但是碰到要洗毛巾的時候便斷然拒絕，於是筆者剛開始慢慢的先說整句話的上半部：「毛巾髒了」，接著再要求個案接話：「要洗毛巾！」，結果該生本來很拒絕洗毛巾，當他自己說出：「要洗毛巾」之後，就自行去洗毛巾了！

　　搓的動作對於某些小朋友也是一項挑戰，所以在指導的過程中，必須善用模仿、示範和肢體協助的方式，讓孩子能正確的使用自己的肢體。

示 範 圖

圖 1-1-2-1　將毛巾背面朝上

圖 1-1-2-2　將毛巾對摺

圖 1-1-2-3　再將毛巾對摺

圖 1-1-2-4　左手握住毛巾的一角，右手來回搓洗毛巾

圖 1-1-2-5　換邊

圖 1-1-2-6　左手握住，右手來回搓洗毛巾

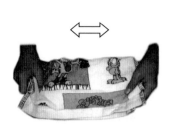

圖 1-1-2-7　置水中來回清洗　　　圖 1-1-2-8　甩開再掛好毛巾
　　　　　　　　　　　　　　　　　　　　　　　　（毛巾正面朝外）

1-1-3　擰毛巾

教　材	已經搓洗乾淨的毛巾。
注意事項	擰毛巾的動作其方式可區分為： 1. 垂直方向。 2. 平行方式。 3. 直立方式。 可以視個案的習慣擰毛巾，不必強迫規定。
步　驟	1. 從毛巾的中間提起。 2. 將毛巾的兩端整合抓住。 3. 另外一手抓住另一端。 4. 做擰的動作擰乾毛巾。 5. 重複步驟 1.-4.，把毛巾擰乾。

　　剛開始學習擰毛巾的幼兒，常會使用的方式是以捏的方法來把毛巾的水分弄乾，所以必須強調擰就是：「握住→轉」的動詞

概念，而捏只是「握住」的動作而已，二者還是有不一樣的地方。

　　透過擰毛巾可以學習中間的概念，往往要把一條毛巾擰乾，可能把毛巾摺數折，每摺一次便要找一次中間，經過多次的演練，學會了擰毛巾也學會了中間的概念。

　　除此之外擰的動作依不同的人，會有不同的方式，例如：左撇子和右撇子擰毛巾的手勢會有差異，使力的點也會有所差異，所以個人會建議教孩子擰的時候，可以先觀察孩子的慣用手或是習慣，千萬不可以以大人自己的習慣，來要求學習者要順應自己的方式。

示 範 圖

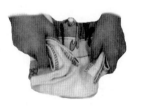

圖 1-1-3-1　將毛巾對摺再對摺

圖 1-1-3-2　找到中間

圖 1-1-3-3　再對摺

圖 1-1-3-4　握住兩端

圖 1-1-3-5　平行式的轉毛巾　　　圖 1-1-3-6　直立式的轉毛巾

圖 1-1-3-7　垂直式的轉毛巾

1-1-4　掛毛巾

教　　材	1.處理完畢的毛巾。 （若是使用掛鉤的方式，可以在毛巾的角落縫上耳朵。） 2.掛鉤視個案的能力而定。
注意事項	1.塑膠的掛鉤。 （可以直接把毛巾掛上去） 2.固定的毛巾架。 3.若為求美觀，可以將毛巾的正面朝外。
步　　驟	1.將毛巾甩開。 2.自毛巾架的外側放入。 3.抓住毛巾兩邊的角。 4.將前後兩端對齊抓住，往下輕拉。

示 範 圖

圖 1-1-4-1　毛巾的正面

圖 1-1-4-2　毛巾架

圖 1-1-4-3　雙手提起毛巾

圖 1-1-4-4　自毛巾架外側放入

圖 1-1-4-5　雙手將毛巾兩端握住，往下拉

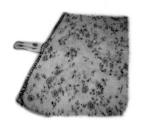 

圖 1-1-4-6　有耳朵的毛巾　　　　圖 1-1-4-7　抓住耳朵

圖 1-1-4-8　掛到掛鉤上

1-2 刷牙

教　材	1.牙刷。 2.牙膏。 3.漱口杯。
注意事項	1.若尚未學會漱口的技能，則使用寶特瓶裝鹽水，沾水刷牙。 2.針對某些個案，要在牙刷的把手上貼一張貼紙或以彩色膠帶繞一圈，以作為視覺線索。 3.尚未學會漱口的個案，務必要用開水教導刷牙，以免吞下去生水，倒開水的時候，請勿讓學生看到直接從飲水機中接水，以免造成學生不必要的誤解與混淆。 4.為避免學生潦草了事，一個部位刷幾次的規定是有其必要性的。
步　驟	1.拿起自己的漱口杯。 2.牙刷拿出來。 3.打開牙膏蓋。 4.擠出牙膏。 5.將牙膏擠在牙刷上。 6.打開水龍頭。 7.漱口 3 次。 8.依次刷上下牙冠，牙齒的內外側。 9.漱口。 10.牙刷放入漱口杯中，來回攪動。 11.水倒掉，牙刷放入杯中。 12.歸位。

　　口腔的衛生應該從出生就要開始養成，新生兒時期可以在洗澡前用乾淨的紗布，擦拭舌頭及按摩牙齦，這些小細節是除了簡

單的清潔外不可忽視的地方，因為這些小細節是讓孩子習慣口腔內有異物清掃的感覺，有助於日後刷牙的適應。同時從小開始喝完牛奶後給孩子喝開水亦是很重要的習慣，有助於口腔的衛生。

　　孩子在六、七個月開始長牙齒之後，可以用紗布或是套在手指上的乳牙刷，在每次喝完牛奶或吃完東西後，把孩子抱在膝上，輕輕的為孩子刷牙，讓孩子習慣牙刷在口中的感覺，慢慢的乳牙刷可以改成軟毛、圓頭牙刷，牙刷的前頭大小要適中，必須考量到可以放到口腔後面，刷頭的長度必須可以刷三顆牙齒為主，牙刷的柄要讓幼兒易於抓握，若有的幼兒握的過高或是過低，則可以在握把的地方貼上貼紙，甚至將握把加粗以利抓握。

　　一般家長很容易遭遇到孩子不刷牙的情形，有的原因是從小沒有養成習慣，有的原因是孩子有口腔觸覺過度敏感的問題，甚至有的孩子是因為之前的不良經驗所造成的結果。對一般幼兒尚且如此，發展遲緩的孩子不願意讓大人協助他們刷牙更是時有所聞。

　　在個人的特教生涯中，很多多重障礙的孩子直到年齡很大還不會漱口，更別提刷牙的技能了，所以漱口的技能必須獨立出來運用策略指導之，如此方能學會完整的刷牙技能。

　　漱口如何指導？首先平日讓孩子練習水從嘴巴噴出的遊戲，不同的個案有不同的策略，例如：針對喜歡模仿動作的幼兒（唐氏症的幼兒），可以運用以下的步驟：

　　1.到浴室的鏡子前面。

　　2.兩人皆面對鏡子。

　　3.指導者拿起裝好水的漱口杯。

　　4.先含一口水。

5.向鏡子噴出一點點水（水會沿著鏡子慢慢流下來）。

6.換小朋友模仿指導者的動作朝著鏡子噴水。

7.接下來指導者很誇張的、同時很用力的、很大聲的，將剩下的水用力噴出，製造好玩的情境。

8.換小朋友模仿噴水（漱口）的動作。

針對眼睛不喜歡看人的發展遲緩幼兒（例如：自閉症個案），其指導的步驟如下：

1.到浴室的鏡子前面。

2.兩人皆面對鏡子。

3.指導者拿起裝好水的漱口杯。

4.先含一口水。

5.指導者拉起孩子的手。

6.故意在孩子的手掌上噴出一點點水。

7.引起孩子的注意。

8.接下來很用力、且很大聲的把剩下的水吐在孩子的手掌上。

9.如果已經引起孩子的注意力之後，便可以開始練習噴在鏡子上。

10.接下來可以讓孩子模仿指導者的噴水動作。

有一點要非常小心的是，若孩子已經對於漱口的動作駕輕就熟之後，就要開始讓水在口腔內來回流動，也就是讓水在口腔內停留的時間久一點，慢慢的讓漱口的動作更加純熟。

接下來在水槽的底部貼一張紅色的貼紙，或是孩子喜歡的玩具，把水噴在玩具或是貼紙上，將噴鏡子轉為噴在水槽裡。

因為指導生活自理，他人協助的褪除是一項很重要也是必要的過程，若沒有後續的褪除工作，會導致於孩子每次漱口都會很

用力的噴鏡子，如果很多人排隊刷牙洗臉的時候，很容易噴到別人，造成不必要的糾紛。

除了噴的地方要做轉移外，噴的力道也要慢慢的適度，不可以太用力，以免噴得滿地都是水，這時候可以告訴孩子，吐水的時候要「輕輕的」這樣才是好棒！

要把水吐出來必須先學會含水的動作，但是有的重度智能障礙或是聽理解有困難的個案，很有可能學不會含水的動作，口腔一碰到水便吞下去，這時候有幾個作法：

【作法一】

1. 指令：「漱口！」當水倒進口腔中的同時，協助頭部往前傾。

2. 當水流出來的同時讚美該生：「你好棒！把水吐出來了！」

【作法二】

1. 兩人都要站在大型鏡子前面，指導者下達：「漱口！」的指令，當水倒進個案的口腔同時，將輔具（圖1-2-1），放在該生的嘴巴處，因為嘴巴不能閉合，水當然無法吞下去，當水流出來的同時，要加以讚賞：「好棒，水吐出來了！」

2. 接下來，把輔具拿出來，做刷牙的動作。

3. 當還要漱口時，再把漱口輔具拿出來協助漱口。

4. 當該生能夠體會漱口是把水吐出來的時候，就可以褪除輔具的介入。

曾經思考藉由檸檬水的酸，讓該生不願意吞下去，進而學習到漱口的動作，但是事與願違，孩子以後看到指導者拿水給他

喝，都會遭到拒絕，導因於之前給該生喝檸檬水的不良經驗，所以這也是指導者在進行生活自理必須思考之處。

筆者曾經指導過一位十一歲自閉症的男學生，該生每次吃飽飯走到浴室門口就開始哭叫，因為他知道又要刷牙了，當新學期筆者擔任導師的時候，便開始進行此行為的矯治，其方式如下：

首先了解原因，原來該生本身有口腔過度敏感，再加上家人和之前的老師為了完成他刷牙的動作，出力過大、過急，導致該生更加排斥刷牙，了解原因之後，個人便使用系統減敏感的方式進行口腔的減敏動作，其方式如下：

1. 先以矽膠的牙刷指套，套在一般的牙刷上（筆者曾經以手指套著矽膠牙套幫該生刷牙，結果被咬得瘀青，所以在幫助孩子之餘，保護自己也是很重要的）。

2. 在孩子的口腔四周以牙刷套按摩，讓他適應並且不排斥它。

3. 接下來請他張開嘴巴，讓牙刷在口腔內刷一下。

4. 接下來刷 2 下——3 下——4 下——5 下。

5. 接下來的動作非常重要，必須趁孩子不注意的時候，將矽膠牙刷套拔下來，直接用牙刷刷孩子的牙齒數下之後，再套回去刷，慢慢的最後要把牙刷套褪除，直接以牙刷刷牙齒。

6. 經過了兩個星期，該生便很樂意的跟著筆者進去廁所內自己獨立刷牙洗臉了（本來是筆者協助其刷牙）。

漱口是很重要的口腔功能，筆者曾經帶過一位視多重障礙的學生，因為視力不佳，所以對於外界常常以觸覺或是味覺來摸索，結果有一次抓起沙子就往嘴巴裡面送，當時筆者很鎮定的告訴該生，「來！我們來玩漱口的遊戲！」當下該生便含了一口水

把沙子全部吐出來了，接下來筆者便讓該生抓沙子，並告訴他：
「這是沙子，沙子只能玩，不可以放嘴巴裡，也不能吃！」

　　還曾發現一種情形，當指導者將牙刷放入孩子的口中時，孩子便把牙刷咬住，這時候指導者必須以最快的速度，當孩子還沒有咬住牙刷時，便要把牙刷拉出來，這是刷牙的當時必須要做的過程，但是平常時間要做張開嘴巴的訓練。

【作法】

　　1.拿出餅乾當增強物。

　　2.要求孩子張開嘴巴。

　　3.指導者數到 1—2—3。

　　4.把餅乾放入孩子的口中。

　　5.若在 3 之前便把嘴巴閉起來就沒有餅乾吃。

　　6.接下來把牙刷放入口中。

　　7.重複 2.-4.的步驟。

　　8.藉此延長張開嘴巴的時間，指導者才有充分的時間慢慢的教導孩子刷牙的技能。

　　另外，當我們發現身心障礙兒童口中含著異物時，一定不能過於驚慌，因為當孩子感受到大人的驚慌時，一害怕很容易把含在口中的危險物品吞下肚，屆時後悔也來不及了！

漱口輔具示範圖

圖 1-2-1 寶特瓶瓶口（漱口輔具）

圖 1-2-2 裝鹽水的瓶蓋和牙刷

使用圖示

圖 1-2-3 漱口輔具：把寶特瓶剪開，打開瓶口，當孩子不會吐水的時候，可以先倒一口水在口中，同時立刻以輔具放到孩子的嘴巴含住，再協助將孩子的頭往下壓使之低頭，便可以讓水流出來

示範圖

圖 1-2-4-1　刷牙⑴
張開嘴巴

圖 1-2-4-2　刷牙⑵
刷右邊下面牙齒的內側

圖 1-2-4-3　刷牙⑶
刷右邊下面牙齒的外側

圖 1-2-4-4　刷牙⑷
刷右下牙齒的牙冠

圖 1-2-4-5　刷牙⑸
刷左邊下面牙齒的內側

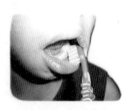

圖 1-2-4-6　刷牙⑹
刷左邊下面牙齒的外側

圖 1-2-4-7　刷牙⑺
刷左下牙齒的牙冠

圖 1-2-4-8　刷牙⑻
刷右上牙齒的內側

圖 1-2-4-9　刷牙⑼
刷右上牙齒的外側

圖 1-2-4-10　刷牙⑽
刷右上牙齒的牙冠

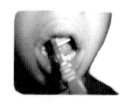

圖 1-2-4-11　刷牙⑾
刷左上牙齒的內側

圖 1-2-4-12　刷牙⑿
刷左上牙齒的外側

圖 1-2-4-13　刷牙⒀
刷左上牙齒的牙冠

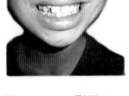

圖 1-2-4-14　刷牙⒁
牙齒作一字狀

圖 1-2-4-15　刷牙⒂
牙刷作上下刷

圖 1-2-4-16　刷牙⒃
伸出舌頭輕刷舌頭

1-3 擦臉

教　　材	1. 毛巾。 2. 鏡子。
注意事項	長方形的小毛巾較適當。
步　　驟	1. 拿下毛巾。 2. 弄濕。 3. 從中間將毛巾提起。 4. 擰乾後，將毛巾甩開。 5. 能分辨正反面者，以反面擦臉。 6. 自上而下擦拭臉部。 　　額頭—眼睛—鼻子—鼻頭—臉頰—嘴巴—下巴—下顎—脖子前—右耳後—脖子後—左耳後—打開毛巾—耳內轉圈—毛巾處理。

　　有一個三歲半的特殊幼兒，平日就不願意洗臉，筆者也是透過不斷的了解與試探，終於該生願意自己拿著毛巾擦自己的臉了，但是有一天早上，當吃完點心後，筆者想要帶著該生洗臉時，該生竟大哭大鬧，經過了解，家長才告知，因為早上太晚起床了，為了怕遲到，所以當孩子還睡眼惺忪時，便幫他洗臉，所以孩子在過度驚嚇之下，一直抗拒，家長情急之下只好以武力解決，匆匆幫他洗臉、上學，因而導致該生碰到毛巾又開始驚慌不已。

　　結果筆者足足花了一個月的時間，才又恢復之前的適應狀況。相信讀者一定想知道我的減敏感方式是怎麼做的，筆者會在本書後面的章節中，針對行為矯治的處理方式加以清楚說明。

示 範 圖

圖 1-3-1　將額頭的頭髮撥開

圖 1-3-2　毛巾背面朝上

圖 1-3-3　擦額頭

圖 1-3-4　將毛巾拉開

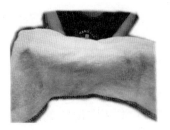

圖 1-3-5　毛巾背面朝上

圖 1-3-6　擦眼睛

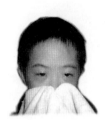

圖 1-3-7　擦鼻翼

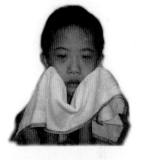

圖 1-3-8　擦臉頰

圖 1-3-9　擦嘴巴

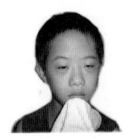

圖 1-3-10　擦下巴

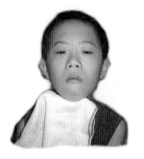

圖 1-3-11　擦下頜

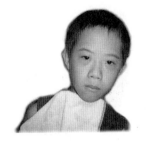

圖 1-3-12　擦下巴到下頜

圖 1-3-13　抬頭擦脖子前面

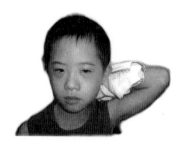

圖 1-3-14　擦脖子後面

圖 1-3-15　左手拉耳朵右手擦耳後

圖 1-3-16　食指伸出來

圖 1-3-17　套到毛巾上

圖 1-3-18　在耳朵內旋轉後再擦拭耳廓部分

圖 1-3-19　左手按住右耳　　圖 1-3-20　右手在耳朵內轉圈，再擦耳廓部分

1-4 洗臉

教　　材	1.毛巾。 2.洗面皂。 3.鏡子。
注意事項	青春期的大孩子為主。
步　　驟	1.沾濕手。 2.將洗面皂擠在手上（不會控制量的小朋友可以買按壓式的洗面乳），教導一次只能按壓幾次。 3.雙手互搓。 4.指尖搓洗額頭。 5.雙手食指和中指，清洗鼻翼與鼻側各數次。 6.雙手掌由內往外，在臉頰轉數次。 7.取下毛巾弄濕。 8.沖掉臉上泡沫。 9.擦臉。 10.照鏡子，將臉上泡沫擦拭乾淨。 11.搓洗毛巾並掛好。 12.用具歸位。 13.完成洗臉台的清洗。

1-5　洗手

教　材	1. 香皂。 2. 毛巾。 3. 洗手乳。 4. 水龍頭。
注意事項	1. 香皂可以用細網子或舊絲襪裝起來，以利抓握。 2. 毛巾是擦手用。 3. 洗手乳可以使用按壓式較合適。
步　驟	1. 打開水龍頭，沾濕手。 2. 將乳液或香皂塗抹雙手。 3. 手掌心互搓。 4. 右手掌搓左手背。 5. 左手掌搓右手背。 6. 雙手交叉搓洗。 7. 雙手指尖在手掌心互相轉圈。 8. 雙手掌並合成凹狀捧水，清洗水龍頭。 9. 擦乾雙手。 10. 結束。

示 範 圖

圖 1-5-1　雙手互搓

圖 1-5-2　右手搓左手背

圖 1-5-3　左手搓右手背

圖 1-5-4　張開雙手手指

圖 1-5-5　雙手互搓

圖 1-5-6　右手指收合做 U 狀放在左手掌上旋轉

圖 1-5-7　　左手指收合做 U 狀放在
右手掌上旋轉

圖 1-5-8　　沖水互搓雙手

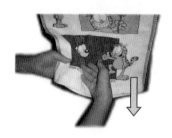

圖 1-5-9　　左手抓住毛巾一角，右
手手背擦拭毛巾

圖 1-5-10　　左手抓住毛巾一角，
右手手掌擦拭毛巾

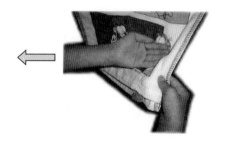

圖 1-5-11　　右手抓住毛巾一角，
左手手背擦拭毛巾

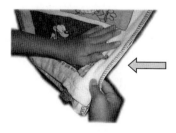

圖 1-5-12　　右手抓住毛巾一角，
左手手掌擦拭毛巾

1-6 洗頭

教　材	1. 洗髮精。 2. 杯子。 3. 毛巾。 4. 梳子。
步　驟	1. 杯子舀水將頭髮弄濕。 2. 擠少許洗髮精於手掌。 3. 手掌互搓。 4. 沿前額上方至耳下的髮根以指腹抓數次。 5. 右手指腹沿左耳由下往上來回抓數次。 6. 左手指腹沿右耳由下往上來回抓數次。 7. 整個頭任意抓至均勻。 8. 沖水。 9. 檢查至沒有泡沫。 10. 拿毛巾，擦拭整個頭。 11. 整理頭髮。 12. 結束。

　　對於幼小的孩子而言，不喜歡洗頭的孩子遠比喜歡洗頭的孩子還要多，因為有的孩子不喜歡水流進去眼睛裡面的感覺，有的孩子很排斥洗頭的姿勢，有觸覺防禦的孩子，更是對於洗頭非常排斥，所以可以藉由以下幾個方式協助：

【方式一】

　　購買市面上皆有賣的洗髮帽，洗頭髮時戴在孩子的頭上，讓孩子不會因為水流到眼睛而不舒服。

【方式二】

以小方巾折成三角形，洗頭的時候請小朋友兩手按住耳朵的兩端，蓋住自己的眼睛。

【方式三】

在浴室的天花板裝飾孩子喜歡的圖樣，當洗頭時間到，便告知可以進去看，引起孩子的動機。

【方式四】

讓孩子知道可以忍耐多久，也就是等到沖水的時候，可以告訴幼兒，只要數2個10或是1個10就洗好了，但是數的時候要控制速度不能過快，諸如此類。

【方式五】

要沖水之前，先以毛巾將洗髮精的泡沫擦乾再沖水，這樣不僅可以加快沖洗的時間而且即使水跑到眼睛裡面，也不會太刺激，至於沖水的時候頭往後仰或是往前俯，都必須視孩子的狀況而定。

以上幾種方式都可以用來增加孩子洗頭的意願，家長可以視情況，結合不同的方式來運用，將有助於解決洗頭髮的困擾。

示範圖

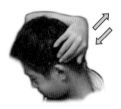

圖 1-6-1　以右手手指沿著耳朵的
後面下方至中間處抓

圖 1-6-2　以右手手指沿著左耳的
耳朵中間至上方處抓

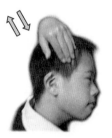

圖 1-6-3　以左手抓右耳的耳朵上
方

圖 1-6-4　以左手抓右耳的耳朵中
間部分

圖 1-6-5　以左手抓右耳的耳朵下
方部分

圖 1-6-6　以兩手手指抓整個頭部

1-7 洗澡

教　材	1.傳統式毛巾。 2.沐浴巾。 3.扣環式沐浴巾（適用於手部功能差的個案）。 4.泡綿。 5.香皂。 6.沐浴乳。
注意事項	1.清潔器具的取用，可依孩子的程度加以調整。 2.有些個案對瓶瓶罐罐特別沉迷，會嘗試要把玩罐子，必須納入考量。 3.初學者請勿使用蓮蓬頭，以防止水溫控制不當而燙傷。 4.傾倒式之藥水，請勿讓孩子單獨使用，以防止藥量控制不當而導致不良的影響。 5.因洗澡的步驟繁瑣，指導者宜把握由上而下，自前而後的步驟教導。 6.清洗過程中依其清潔度，隨時做毛巾處理。
步　驟	1.弄濕身體。 2.取下毛巾。 3.將毛巾弄濕。 4.摺成手掌大小。 5.將香皂或沐浴乳均勻塗抹在毛巾上面。 6.擦拭脖子。 7.擦胸部。 8.擦拭左右肩膀、手臂、手腕、腋窩。 9.清洗小腹。 10.擦拭後背（握好毛巾的兩端自臀部至腋窩來回擦拭至乾淨）。 11.擦拭脖子後方。 12.擦拭腹股溝。

13.清洗生殖器（先擦前面再擦後面）。
14.清洗毛巾。
15.清洗腳關節。
16.清洗左右腳板。
17.清洗左右腳指縫。
18.沖洗全身。
19.做毛巾處理。
20.擦拭全身。
21.做毛巾處理。
22.掛好。
23.穿衣服。
24.用具歸位。

　　不管孩子已經多大，若還要依靠照顧者協助放洗澡水時，一定記得先放冷水，再放熱水，同時在放水的時候不可以讓孩子獨自留在浴室中，因為浴室是一個高危險又充滿吸引力的地方（玩水），再乖的孩子也可能有好奇的時候，即使是一般幼兒都有可能做出出乎大人意料之外的事情，更何況是發展遲緩的特殊幼兒，很多燙傷及跌傷的事件，都有可能發生，照顧者不可不慎！

　　一般一歲多到兩歲多的幼兒，很喜歡站在浴盆中玩耍，若浴盆的水很多就容易滑倒，若再抓不到支持物，便容易造成溺水的事件，所以洗澡水的量更要留意，不能過多，適量就好。

　　有的照顧者會相當困擾到底使用哪種浴盆比較好？事實上如果使用比較小的浴盆比較有支撐力，雖然一次無法盛裝較多的水，需要多換幾次水，卻可以避免危險的情況發生。

　　一般六歲大的幼兒在教導下，已經可以獨立進行洗澡的活動，但是發展遲緩的兒童必須提供更結構化的指導，方才能學會

此項技能，因此除了以上的注意事項之外，更重要的是讓孩子熟悉洗澡必須注意的流程與遵守的規矩，例如：不可以玩馬桶的水、或是自己開蓮蓬頭、玩衛生紙……，有的自閉症幼兒，對於瓶瓶罐罐的清潔劑特別有興趣，常會把罐子內的溶液倒出來，再把空罐拿來把玩，這也是照顧者必須要加以留意的地方。

至於如何讓孩子對於流程更加清楚呢？可以自編兒歌，讓孩子一邊唱歌一邊洗澡，藉由歌曲來學會洗澡的順序；有的孩子則需要以圖像的方式把洗澡的流程與部位一一護貝，一份張貼在浴室裡，一份放在相簿裡，平日洗澡的時候就可以一邊看圖片，一邊洗澡，更可以加深對於洗澡流程的印象！

洗澡除了最主要的目的——清洗身體，保持乾淨之外，還可以利用這種每天必須進行的活動來進行認識身體各部位，寓教於樂，更是發展遲緩兒童的最愛。

有的孩子會利用洗澡的時間玩耍，怎麼叫都不出來，這時候便可以使用定時器的方式，約定好時間後，當鈴聲響便必須起來，甚至可以讓孩子學習看時鐘，例如：約定長針到1、2、6或……，就要起來，增加與孩子溝通的彈性。

若幼兒曾經在浴室中有過不良的經驗，例如：滑倒、燙傷……，也會讓孩子拒絕進浴室，此時要注意的是千萬不可以用強硬的方式脅迫孩子進去浴室洗澡，否則自此之後，每到洗澡時間，孩子便會以哭鬧的方式拒絕進入浴室洗澡，日積月累之下，問題行為便形成。其解決的策略如下：

1. 先讓孩子在其他地方擦澡（浴盆裝水在浴室門口進行）。

2. 指導者在浴室裡玩孩子覺得有趣的遊戲（例如：玩洗澡玩具、吹泡泡、舀水），孩子在浴室門外觀看。

3.引導孩子願意進浴室玩遊戲。

4.讓孩子願意接受在浴室內洗澡。

5.避免類似不當經驗的再次發生。

發展遲緩的幼兒有的非常的固著，往往一次不良經驗，必須經歷相當久的時間才能撫平其情緒，這時候在步驟2.3.之間必須多幾個步驟：

(1)把孩子喜歡的玩具拿到浴室裡面去。

(2)一一拆解。

(3)一部分一部分的拿進去浴室裡面清洗（幫玩具洗澡）。

(4)洗完一部分，試著要求幼兒進去浴室拿出來組裝。

(5)若幼兒拒絕，則千萬不可以勉強（家長示範，同時要顯得很有興趣的樣子）。

(6)不過千萬要注意，在過程中也可以繼續試著詢問幼兒，是否能協助進去浴室拿出去組裝。

(7)若還是不願意，則一定要注意，**玩具的最後一部分，要求幼兒進去拿**，理由是：該玩具是他最喜愛的，若少了該最後的部分，該玩具就無法玩，所以這時讓他願意進去浴室，成功的機率就會增強。就個人的多年經驗發現，只要個案願意再接觸恐懼的地方或物件，就可以讓個案重返正軌。

其他：可以使用的教具如：

(1)敲打台，一一拿進去（擦或是洗），剩下最後的部分就是敲打的槌頭。

(2)拼圖板最後的就是拼圖的木板。

(3)存錢筒玩具最後的就是存錢筒的筒子了（銅板或塑膠片

存錢筒）。

(4)至於有一些幼兒喜歡的東西是不屬於結構化的玩具，例如：喜歡將汽車排列成長排，因為小汽車本身為單一的個體，少一部和多一部對個案沒有影響，此時可以使用的技巧是，在紙上畫小汽車的停車格依家中現有的小汽車數量而定，十輛就畫十格：

1.	2.	3.	4.	5.	6.	7.	8.	9.	10.

透過這種結構化的方式，最後一輛汽車就要求幼兒進去拿，成功的機會就比較高，如此就可以輕易的解決此困境，至於其他類似的個別玩具可以如法炮製。

示 範 圖

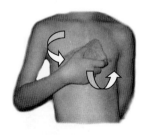

圖 1-7-1　擦胸部

圖 1-7-2　擦左邊肩膀

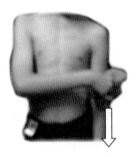

圖 1-7-3 擦左邊手臂

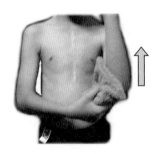

圖 1-7-4 擦左手手肘

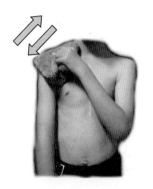

圖 1-7-5 擦右邊肩膀

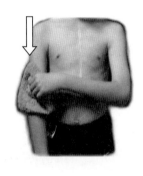

圖 1-7-6 擦右邊手臂

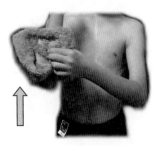

圖 1-7-7 擦右手手肘

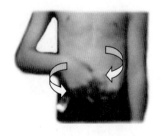

圖 1-7-8 擦拭肚子

圖 1-7-9　毛巾往脖子甩上去，抓住兩端

圖 1-7-10　一手抓住毛巾一端，一手抓住毛巾另一端

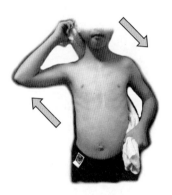

圖 1-7-11　換手抓住毛巾兩端來回擦拭後背

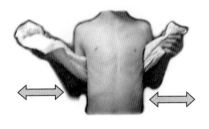

圖 1-7-12　將毛巾換成左右來回擦拭腋窩處

圖 1-7-13　擦拭生殖器

圖 1-7-14　擦拭屁股

圖 1-7-15　擦拭左腹股溝

圖 1-7-16　擦拭右腹股溝

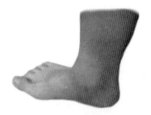

圖 1-7-17　清洗小腿和腳

圖 1-7-18　伸出食指

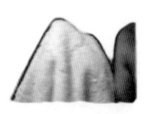

圖 1-7-19　將毛巾套上去

圖 1-7-20　擦拭腳趾頭的縫隙

第二單元

如廁訓練與身邊處理

2-1 排便訓練

教　　材	廁所（座式馬桶）。
注意事項	需記錄個案排便的時間。
步　　驟	1.記錄兩週的排便時間。 2.根據排便頻率最高的時間，帶個案至廁所。 3.脫下短褲。 4.坐在馬桶上。 5.排便。 6.擦拭肛門。 7.沖水。
注意事項	
1.剛開始訓練如廁時，要穿容易脫的褲子，例如：鬆緊帶的褲子就遠比有鈕扣的褲子或是吊帶褲還要合適。 2.平日就要練習摺衛生紙的技能，剛開始的時候練習在桌上摺。接下來就要練習在大腿上摺，之後就要以有色的染料塗在衛生紙上，逐一對摺，待日後再至廁所實際操作。	

　　如廁訓練時，有些家長會遇到一些特殊情況，例如：有的孩子會迷戀某種物品，過度注意物品的細節，而忘記了該做的事情；有的孩子會因為物品的質地或是氣味的干擾，而堅持拒絕服從要求；有的孩子所呈現的是恐懼進到廁所，而每次會找一個地方排便，例如：電視機前面某個角落，客廳的某一個角落，屋簷的下面，這時候可以下列的方式解決：

　　1.拿其他小朋友坐小馬桶的圖片。

2.告知：「大便要坐在馬桶上。」

3.記錄排便的時間。

4.找出頻率之後，在可能排便的時段注意孩子的排便徵兆。

5.若有欲排便的動作時，拿小馬桶要求其坐下。

6.讓孩子與小馬桶做連結，要排便時會坐在馬桶上（馬桶放在個案固定的排便位置）。

7.當孩子有排便的徵兆時，要求坐在馬桶上（馬桶要往廁所的地方靠近）。

8.最後馬桶要放在廁所裡面，告訴小朋友：「大便要到廁所裡面！」

擦拭學習椅製作圖

製作說明

1.依孩子的身材，找到一把塑膠椅子。

2.在椅子的下方，貼上黏扣帶的母帶。

3. 找到一張圖案，加以護貝。

4. 貼在薄泡棉上

5. 依孩子的能力裁切成數張。

6. 在每張圖片背面貼上黏扣帶子帶，做成拼圖板。

7. 貼在椅子下方的母帶上。

使用方式

圖 2-1-1　擦拭學習椅訓練輔具

圖 2-1-2　先坐在椅子上

圖 2-1-3　一手自椅子底部將拼圖板撕起一片

圖 2-1-4　將撕起來的拼圖貼在拼圖本上

圖 2-1-5　增強物的拼圖本

圖 2-1-6　一次撕一張拼圖板

圖 2-1-7　不一定要依序，每次撕一張拼圖板

圖 2-1-8　如前面步驟撕拼圖板

圖 2-1-9　貼到增強拼圖本中

圖 2-1-10　完整的拼圖板放大圖

二　擦拭學習椅的使用緣由

　　有鑑於正常的排便次數，可能一天一次，故練習擦拭的動作無法多次練習，因此使用此輔具，可以讓孩子每天多次練習自屁股至大腿的動作訓練；而增強本的用途則是只要孩子依要求完成工作，便可以提供一片拼圖給他，如果是分成四片拼圖的拼圖板，則孩子若依規定完成了四次指令，便可以完整拼完一片四片拼圖，同時便可以換給他增強物。

　　增強本的內容，則可以視孩子的需求或能力，提供不同的拼圖內容，可裁切成2片／3片／4片／5片／6片／8片的拼圖板，同時要注意的是，拼圖的製作方式是將整張圖片先護貝，在背面貼上薄泡棉，最後再以美工刀裁切，每片拼圖的背面貼上黏扣帶子帶，最後再將一張完整的拼圖護貝後，貼在增強本的左上角作為視覺提示，增強本便完成。

2-2　排尿訓練

教　材	1. 穿著短褲。
注意事項	1. 訓練之前必須去除尿布。 2. 確實記錄排尿的頻率（一週）。
步　驟	1. 提供個案喜歡的飲料。 2. 記錄排尿的時間（一週）。 3. 按時間帶個案進廁所。 4. 拉下短褲的前面（男生）。 5. 扶好生殖器。 6. 對準馬桶。 7. 尿尿。 8. 拉好短褲。 9. 洗手。 10. 擦乾雙手。

　　大部分的幼兒到了四歲大都已經能夠養成排尿的習慣，在五歲的時候也都能使用衛生紙擦屁股，但是發展遲緩的孩子往往在動作協調方面或是認知方面的發展慢於一般的幼兒，於是家長抱持著排泄的習慣會隨著年齡的增加自行學會解決，而目前只要先代勞即可，殊不知十幾歲還會尿在褲子上或是大便在褲子上的特殊需求的大孩子大有人在，因此排泄習慣的指導在原則上應該比其他的學習要來得早才是正確。

　　剛開始訓練排尿，首要條件便是去除尿布，在訓練之初，無論是排尿或是排便，或是其他的不恰當的行為都要鉅細靡遺的做詳盡的記錄，如此才有充分的訊息擬定教學的對策。

　　找到排尿的頻率之後，要帶著孩子在適當的時間到廁所排泄，當成功時也要以他聽得懂的方式提供鼓勵，例如：好棒！或是其他實質的增強物（洋芋片或是其他零食）加以稱讚！

　　但是在訓練的過程中，失敗時不要疾言厲色的斥責，而代之以讓個案自己脫下褲子，到書包中拿出乾淨的褲子，同時把尿在地上的尿擦乾，而此時的指導者表情要嚴肅，不可以有笑意，以避免孩子對錯誤行為的誤解。

　　接下來，在牽孩子的手進廁所的途中把手放開，讓他學習自己走進廁所，至於後續的拉開褲子尿尿等步驟，則必須視孩子的能力提供必要的協助，再逐漸減少協助的量。

　　其流程可以如下：

　　1. 首先在廁所的門口約一步遠處告訴孩子：「上廁所」！
　　2. 接下來在距離廁所 2-3 步遠的地方，指導者停步，叫孩子自己去上廁所。
　　3. 指著廁所的地方，給予輕微的語言提示。
　　4. 給予提示，讓孩子知道要上廁所了！

　　針對沒有口語能力的自閉症幼兒，若能加上溝通板（上廁所的圖片），當孩子要尿尿的時候，先要求他們按溝通板或是指著圖片，讓尿尿的行為和圖片做連結，則對於其日後的溝通會更有利。

　　同時更要注意的是，要讓孩子養成如廁的習慣，言語或是動作的幫助要逐步褪除，如果不斷的重複相同的協助，就無法養成自己上廁所的習慣。

　　有的孩子不想自己上廁所或是不敢自己一個人上廁所，則可用下列的步驟進行訓練：

1. 陪著他進去廁所裡面。
2. 接下來，指導者開廁所的門。
3. 指導者跟進去，數到固定的數（1-10或1-20）便離開廁所。
4. 要求孩子坐在便器上。

除此之外，開始訓練大小便時，便要開始穿小內褲，如果孩子已經進入機構或是幼稚園，更是有其必要，因為孩子的活動增加了，衝撞和摩擦的機會也相對的增加，而內褲有增加保護的功能在。

正在訓練排尿或是排便訓練的特殊需求孩子，去除尿布是第一步，若已經進入幼托園所或是小學就讀，同時必須接受其他的復健治療，甚至音樂、繪畫等……的團體課程，為了讓課程不會因為孩子尿濕褲子而中斷，則個人強烈的建議家長在進行這些課程的時候，換上學習褲（紙尿褲的一種，但是做成褲子的外觀），當孩子因為不慎尿濕在褲子上時，得以在下課後再處理，才不會浪費寶貴的早療課程。

排尿排便記錄表

	星期一	星期二	星期三	星期四	星期五	星期六	星期日
1：00							
2：00							
3：00							
4：00							
5：00							
6：00							
7：00							
8：00							
9：00							
10：00							
11：00							
12：00							
13：00							
14：00							
15：00							
16：00							
17：00							
18：00							
19：00							
20：00							
21：00							
22：00							
23：00							
24：00							
合計							

◎尿尿以紅筆畫記（正）　　◎大便以藍筆畫記

圖 2-2-1

圖 2-2-1

嬰幼兒可以使用的便器

圖 2-2-3　肢體困難的大孩子可以使用的馬桶椅或洗澡椅

圖 2-2-4

圖 2-2-5
肢體有問題的腦性麻痺個案可以使用的輔助馬桶

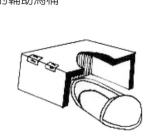

圖 2-2-6　適用特殊需求的小朋友，可以提供固定的功能　　圖 2-2-7　改良式的蹲式馬桶

【參考彰化仁愛實驗學校啟智叢書仿繪】

2-3　擤鼻涕

教　　材	衛生紙。
注意事項	練習閉嘴鼻子吹氣。
步　　驟	1. 教導嘴巴閉起來的指令。 2. 拿起衛生紙。 3. 摺成適當大小。 4. 拿起衛生紙。 5. 練習以食指中指合併一端，另外一端以拇指按壓鼻翼之兩側。 6. 練習以鼻子吹氣。

　　擤鼻涕的目的在於清理鼻內的分泌物，不要因為鼻涕停留在鼻腔內而續發細菌感染，一般約兩歲半的幼兒才有能力用力擤鼻涕；但是很多學齡的小朋友甚至智能上有缺損的大孩子，由於不理解擤鼻涕的技巧，常常在季節變換之際，掛著兩行鼻涕，更加影響其人際間的互動。

　　幫幼兒或是教導幼兒擤鼻涕時，最正確的方式是，壓住一側鼻翼，將鼻涕由另一邊鼻孔擤出，之後再換另一邊擤，父母親可以利用孩子洗澡之際洗臉的同時熱敷鼻部，軟化鼻涕後較容易擤出。

　　訓練孩子擤鼻涕的過程中，筆者發現很多孩子不會鼻子用力來擤鼻涕，而代之以衛生紙擦鼻子，徒增衛生紙的浪費而鼻涕依然擦不乾淨，探究其原因，孩子使力不當或是根本不會正確的運用鼻子使力是主因，指導方式如下：

1. 以一張便利貼，裁成一公分寬的長紙條。

2. 貼在鼻頭上。

3. 再利用遊戲的方式教導孩子「鼻子吹氣」。

4. 協助將孩子的嘴巴遮住，只剩下能用鼻子呼吸。

若非生理上有問題的個案（無法用鼻子吹氣），用力吹氣之後，長紙條經過鼻子的吹氣在鼻子前面揮動，更可以增強其繼續吹氣的動機，經過兩三次的示範引導，孩子便學會擤鼻涕了！

除此之外，有的孩子常常從紙捲上拉出很多的衛生紙導致浪費，所以如何摺疊衛生紙也是相當重要的課題。

個人建議，剛開始教導衛生紙的摺疊，以抽取式的衛生紙較合適，當需要擤鼻涕時，只要再對摺便可以使用了，但是會摺疊之後，便要類化到平版式的衛生紙，接下來捲筒式衛生紙的使用也是有其學習的必要性，因為除了在家中會使用到衛生紙之外，也要適應其他公共廁所所提供的衛生紙類型。

 示 範 圖

圖 2-3-1　以一般的便利貼裁成長條狀，貼在鼻子處，剛開始的時候將嘴巴蓋住，練習以鼻子吹氣

2-4 會使用杯子喝水

　　一般飲食訓練剛開始以奶瓶為主，接下來使用手指拿東西進食，再來是使用湯匙，接著是使用杯子，最後才是使用吸管。

一　奶嘴的選擇

　　吸吮能力的不同，所使用的奶嘴會有其差異：吸吮能力弱者，可以用圓洞，有利於液體直接流入口中；吸吮能力較強者，可以使用十字形的洞，如此洞口張開時液體才能流入。

二　奶瓶的選擇

圖 2-4-1　此形狀的奶瓶不易吸入空氣

圖 2-4-2　此形狀的奶瓶中間有凹洞使抓握更方便，但是清洗不易

圖 2-4-3　抓握套環是從奶粉的塑膠蓋剪裁而成

抓握套環製作方法

圖 2-4-3-1　茶葉罐或是牛奶罐的塑膠蓋

圖 2-4-3-2　以簽字筆畫上以上的圖樣

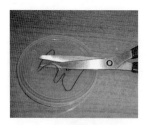

圖 2-4-3-3　拿剪刀剪下

圖 2-4-3-4　完成圖

圖 2-4-4　套在奶瓶上讓孩子容易抓握

三 ✐ 會使用杯子喝飲料

圖 2-4-5　免抬頭便可以喝水的杯子：適用於腦性麻痺的小朋友，若仰頭會因反射動作而無法完成飲水動作時可以使用的杯子，可以將一般的塑膠杯剪成以上的形狀加以使用即可

圖 2-4-6　在奶嘴上挖洞，把杯子抬高，水就可以往外流

圖 2-4-7　先將奶嘴裝在杯子上喝水，轉化奶瓶吸奶的流程

圖 2-4-8　功能較好之後，就可以以吸管吸水或其他飲料

圖 2-4-9　直接對著杯口喝水

四 吸管的使用

1. 使用吸管的訓練不僅為了進食，另外也有助於語言上的學
   習，因為雙唇肌肉的閉合與運用對於口語的訓練是有其助
   益的，以下是訓練孩子使用吸管的流程：

圖 2-4-10　拿吸管置入飲料中，
再以手指將一端按住

圖 2-4-11　拿吸管滴入飲料至幼
兒口中

圖 2-4-12　幼兒自杯中吸入飲料，
指導者壓飲料瓶身加以協助

2.吸管輔具

 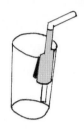

圖 2-4-13　吸管固定器⑴　　　　　圖 2-4-14　吸管固定器⑵

左圖的吸管固定器可以適用在肢體不方便的大人或小孩，因為吸管不會滑動，較容易吸取杯中的飲料。

五 水壺攜帶輔具製作流程

圖 2-4-15　找一個與布提袋相符的寶特瓶

圖2-4-16　以剪刀將之剪下來並放進提袋中

圖2-4-17　將水壺放進去

圖 2-4-18　完成圖

說明：在冬天的時候往往以溫水瓶來裝開水，常因為孩子手部功能的不佳，導致水瓶容易拿出來卻不容易放回去，因此若能將布的手提袋加以改裝，便很輕易的達到水壺放回去的目標，但是要注意的一點是，寶特瓶的大小和布的手提袋與水壺的大小必須配合恰當，方能達到既定的目標。

　　飲水部分，除了會喝水之外，還有便是會自行倒水的技能，對於發展遲緩的孩子，倒水的部分比較會遇到困難的部分是，倒的過程過於用力導致水容易溢出來，像這種力道不易控制的情形，可以使用視覺的方式來教導，其方式如下：

1. 在杯子的四分之一部分畫上一條紅線，倒水的時候，要一點一點的倒，不能超過該條線，慢慢的控制速度。（剛開始孩子一定都會超過，但是沒關係）

2. 接下來在四分之二的部分畫一紅線，要求孩子不能超過該線。

3. 再來便是在四分之三的地方畫一條紅線。

4. 最後在十分之八的地方畫上紅線，之後就要延續此位置畫紅線，以利每次倒水的時候看得到約略的位置，而不使水流出來。

　　平日上課的時間，可以以有色的顏料，教導孩子做倒水的遊戲，甚至可以結構化教學的方式，將教具以結構化的方式如下圖呈現，讓孩子在倒水的分分合合中練習此精細動作。

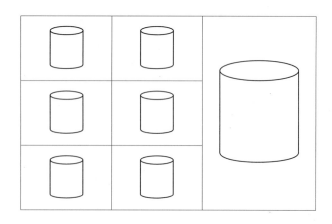

　　除此之外，倒水的容器剛開始是有握把的水瓶，接下來是使用沒有握把的水瓶，透過這種由易入難的方式，儲備孩子願意持續操作的動力。其他的類化活動可以延伸到不同材質物件的移物練習（沙子、豆子、彩色石頭），從這個碗移到另一個碗，可以豐富這項技能的練習。

　　其他如攪拌的能力也是其中一項考量的技能，例如：自己泡牛奶、泡麥片粥、泡泡麵等，都是很重要的技能。

2-5 吃飯用餐

教　材	碗、湯匙、適合的食物。
注意事項	餐具的選取，必須要因應個案的需求。
步　驟	1. 先將碗放置桌上。 2. 湯匙置於碗的旁邊。 3. 會把湯匙放入碗中。 4. 舀一口飯。 5. 送至嘴巴。 6. 張開嘴巴。 7. 閉緊雙唇。 8. 將湯匙的飯抿至口中。 9. 把湯匙放回碗中。 10. 重複步驟3.-9.直至碗內的飯吃完。

　　「吃」是人最基本的生理需求，嬰兒在出生後數分鐘內便具備了這種能力，但是初期必須藉由「吸吮墊」與舌頭的前後移動來產生吸吮的動作。一般的孩子會隨著成長，由自主控制的「隨意性動作」來取代這些「反射性的動作」，再逐漸的運用其雙唇與臉頰的肌肉力量自主控制隨意性的動作。但是發展遲緩的嬰幼兒，則必須運用各種不同的策略來協助他們，藉由外力的介入才能使吸吮隨意的控制，並終身保留「吞嚥反射」的能力。

　　根據幼兒的發展，訓練進食有一定的先後順序：

　　1. 首先是能在指導者的協助下拿著杯子喝飲料。

　　2. 以吸管啜飲飲料。

　　3. 能獨立用杯子喝飲料。

4.能用碗進食。

5.能用隨身的水壺喝水。

6.能用湯匙喝湯而不會流出來。

7.能自行喝不同包裝的飲料。

訓練進食有順序之外，學習不同的進食方法也有其次序：

1.先以手指拿取食物。

2.能用湯匙進食。

3.能用牙籤和叉子進食。

4.能用筷子進食。

　　訓練的教材也可以透過日常生活常使用的餐具，超市常見的紙盒包裝的飲料、瓶裝的飲料、罐裝的飲料，諸如此類都是訓練的最佳教材。

　　當孩子能夠自行拿著奶瓶吸奶的時候，若是採取躺著進食，頭部的地方一定要墊高，不能平躺，否則很容易導致中耳炎發生。

　　在發展遲緩的幼兒身上，甚至年紀已經很大的身心障礙者的身上，都可以發現進食的時候會把舌頭前進伸出，影響進食的機能，尤其是腦性麻痺的個案，則物理治療介入就有其必要性了。

　　當發現孩子能夠用杯子喝水而不會流下來時，表示其雙唇的動作已經逐漸純熟，也表示可以訓練以吸管來喝水。同時必須要提醒指導者的一點是，當雙唇、舌頭、頰部、下顎、顎咽肌肉若能更成熟、協調能力等口腔的運動更好，將有助於進食和語言能力的發展。常發現很多家長以湯匙餵食嬰兒的時候，都會以湯匙匙面，將食物刮或是倒的方式將食物放入嬰兒的口中，而孩子也幾乎是張著口等著大人將食物倒到他們的嘴巴裡面，根本不想費神的用雙唇來抿食物，即使是長大的身心障礙兒童，這種進食情

景更是屢見不鮮，若更進一步的思考，家長早期的餵食不當是其肇因。

所以在孩子能夠接受半固體的食物時，當湯匙放進孩子的口中後，以另一隻手的食指輕壓孩子的上唇來誘發「抿的動作」，再逐漸減少其協助，最後讓孩子養成自行以雙唇將食物抿進自己的口中。

以下的口腔遊戲將有助於孩子的口腔機能：

1. 吸麵條。

2. 「ㄅㄛ的 kiss 遊戲」。

3. 吸口水。

4. 舌頭的快速伸進伸出。

5. ㄌㄜ─ㄌㄨ─ㄌㄜ─ㄌㄨ的舌頭聲音的遊戲。

6. ㄅㄚ─ㄅㄚ─ㄅㄚ的舌尖音的遊戲。

7. 手放在嘴巴前面做ㄚ─ㄅㄚ─ㄚ─ㄅㄚ藉由一開一合之際猶如印地安人的發聲儀式，來幫助孩子的口腔動作協調。

8. 將撕碎的面紙吹起來。

9. 吹風車。

10. 將色紙剪成窗簾狀，放在孩子的臉部前面，只要吹起色紙就可以看到媽媽的臉，學習吹的動作。

11. 舌頭在口腔裡面頂住臉頰的一側讓孩子觸摸，一下子換成頂住另一端；接下來換孩子，讓指導者觸摸，藉此增加舌頭的靈活度。

除此之外，咀嚼的能力也是一項很重要的口腔動作，很多照顧者為了省事或是怕孩子消化不良，一直提供流質或是半流質的食物給孩子吃，結果孩子習慣吃軟的食物，對於固體的食物就更

加的排斥，這對於孩子的發展絕對有負面的影響。

　　大一點的特殊需求個案，筆者會使用魷魚絲，指導者拉住一端，孩子咬住另一端，藉由魷魚絲的香味，引發孩子願意咀嚼的動機，因為拉住另一端孩子吞不下去，所以孩子不會有噎到的困擾。

　　在食物的選擇上，各種不同的食物會提供口腔不同的質感及口味，透過咀嚼與口腔周邊肌肉感受，孩子因此而學會了酸、甜、苦、辣、澀、脆、硬、軟，同時更能藉此機會認識各類不同的食物名稱！

　　但是有些發展比較慢的孩子，口腔功能比較差，相對咀嚼的能力也比較弱，甚至肌肉張力比較低（肌肉比較沒力）的孩子，必須透過復健的醫療協助來加強其口腔的機能；同時考量到有些手眼協調不佳的個案，往往無法順利的將舀好的一口飯送到自己的嘴巴裡，此時指導者可以使用以下的策略，來協助個案將食物以湯匙從碗裡面舀起來之後送到嘴巴過程的協調性：

　　1.在個案的嘴巴下方置放一個小鋼杯。
　　2.要求個案在桌面上以湯匙舀彈珠或是其他的物件。
　　3.置放入小鋼杯中（指導者拿著鋼杯放在個案的下顎處）。
　　4.經過多次的練習，當能改善其手眼的協調問題。
　　或是：
　　1.在個案的嘴巴下方置放一個小塑膠環或是不銹鋼杯。
　　2.要求個案在桌面上以湯匙舀彈珠或是其他的物件。
　　3.置放入小套環中（指導者拿著套環放在個案的下顎處）。
　　4.經過多次的練習，當能改善其手眼的協調問題。
　　5.要注意的是，套環的大小必須視個案能力而定。

　　必要的時候，利用輔具來幫忙孩子進食是有其必要的，因此筆者特別將可以運用的輔具節錄在文章後面，希望能提供家長做參考。

　　最後談到食物種類的提供，若依照一般正常孩子的發展，其副食品的提供如下：

年齡	適合的副食品
4-6 個月	有添加鐵質的嬰兒米粉。
6 個月以後	菜泥或是水果泥（蘋果泥、香蕉泥）。
8 個月	豆類或是肉泥。
8-10 個月	煮熟的豆子或是胡蘿蔔丁等。
9-12 個月	蛋黃泥。
1 歲以後	以少鹽、少油、柔軟多汁的一般食物為主，剛開始的時候咀嚼能力有限，過於堅硬的食物不建議提供，以免挫折而造成日後的拒吃。

　　很多身心障礙者的家長怕孩子吃東西都直接用吞的方式，所以會把菜剪得又碎又爛，如此會讓孩子持續以吞食的方式進食，所以必須注意，此方式是有其階段性的，其比較好的訓練方式是：

　　1. 90%的飯菜剪碎，10%的飯菜是正常的長度。

　　2. 80%的飯菜剪碎，20%的飯菜是正常的長度。

　　3. 70%的飯菜剪碎，30%的飯菜是正常的長度。

　　4. 60%的飯菜剪碎，40%的飯菜是正常的長度。

　　5. 50%的飯菜剪碎，50%的飯菜是正常的長度。

　　6. 接下來再將比例加以互換。

　　甚至要求孩子模仿大人咀嚼的方式（剛開始要誇張一點），引起孩子的興趣由一數到十，也就是咀嚼十下，再吞下去。

　　飲食所使用的餐具中，有的湯匙的匙面較淺，有的匙面較深，有的湯匙較小，有的較大，必須視個案的能力加以選擇。例如：匙面較淺者，個案較容易將食物送到自己的嘴巴內，協助可以少一點；匙面較深者，嘴唇的控制能力相對的要好，否則食物容易掉落，所以當孩子進食的狀況不佳時，必須要考量到餐具的合適性。若要訓練孩子使用叉子進食，則叉子不能太重，尖端較圓的比較合適。

　　圖 2-5-2 及圖 2-5-3 是針對手腕控制力不佳的個案而設計的，而圖 2-5-4 的湯匙，更是針對手指精細動作不佳的個案而設計，使用該輔具不需要精細的小指頭動作便可以將食物舀進口中。進入國小階段的普通班小朋友也常常有吃太慢的情形而趕不上午休，所以筆者曾經協助數位注意力缺損和學習有困難的小朋友的午餐時間生活自理訓練，其方式如下：

　　1. 將吃飯的時間分為兩段：

　　　(1) 12：00-12：15；和(2) 12：15-12：30。

　　2. 剛開始老師協助舀菜（適量，控制其量不會太多）。

　　3. 拿一張廢紙鋪在便當盒下。

　　4. 接下來指導學生把飯分成兩半。

　　5. 在第一階段中吃完飯的一半。

　　6. 第二階段再把剩下的飯吃完。

　　7. 把廚餘倒到廚餘桶中。

　　8. 處理飯盒包好。

　　9. 將廢紙處理。

10.刷牙：經過結構化的規範，孩子終於都能在規定的時間內吃完飯了。

示 範 圖

圖 2-5-1　強化的塑膠湯匙有長柄、短柄

圖 2-5-2　加上泡棉柄易於抓握　　圖 2-5-3　曲柄湯匙和叉子，可供
　　　　　　　　　　　　　　　　手腕控制不好的孩子使用

圖 2-5-4　　　　　　　　　　　　圖 2-5-5

圖 2-5-6　　　　　　　　　　　　圖 2-5-7

有些小朋友不易抓握湯匙或是不願意抓握湯匙時可以使用的輔具

- 圖 2-5-4 的製作方式是兩顆珠子和橡皮繩，穿成圖示。
- 圖 2-5-5 和圖 2-5-7 的製作方式是以皮套和鬆緊帶製作而成該形狀，最後再以一般湯匙的柄固定在皮套上，吃飯的時候只要將之套在手指上使用即可。
- 圖 2-5-6 的製作方式是將泡棉裁成三角柱，在中間的地方鑽一個洞，讓長柄湯匙插入即可使用，使用完畢時便可以將柄拉出來清洗湯匙。

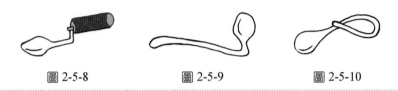

圖 2-5-8　　　　　　　圖 2-5-9　　　　　　　圖 2-5-10

- 圖 2-5-8 是可以旋轉的湯匙，對於腦性麻痺的個案，沒辦法維持手部的穩定度，無法維持湯匙的水平時，則此種湯匙便可以考慮使用。
- 圖 2-5-9 和圖 2-5-10 的湯匙是針對個案手的功能的差異而選擇其可以適用的湯匙，製作方式則是將湯匙的柄彎成圖示的輔具。

圖 2-5-11　　　　　　　圖 2-5-12　　　　　　　圖 2-5-13

- 圖 2-5-11 是針對無法坐好的個案，可以使用該輔助椅進食。
- 圖 2-5-12 是擋菜板，是針對手部功能不佳的孩子，使用湯匙的過程中，若沒有東西擋住，則很容易讓菜肴舀到外面去，板子的材質可以以塑膠片裁成如圖的形狀，接下來再以夾子夾住塑膠片，每次吃完飯便可以加以清洗重複使用。
- 圖 2-5-13，先製作成一個木盒子，接下來在上面挖一個碗的大小可以放上去的洞。

　　除此之外，練習使用前兩指指尖拿取物品、增強前三指的力量（水槍噴水）、三指搓黏土球，都對吃飯和飲食方面的技能有所助益。

2-6　剪指甲

教　材	自己的指甲。
注意事項	必須有剪西卡紙的經驗。
步　驟	1.拿起指甲剪。 2.伸出左手指。 3.剪拇指的指甲。 4.依次剪食指、中指、無名指、小指。 5.結束。

　　為小小孩剪指甲是一件很有挑戰性的工作，因為小孩無法乖乖接受剪指甲而動來動去，甚至不小心剪破皮更是時有所聞。對一般幼兒如此，對發展遲緩幼兒本身也是如此，尤其對於觸覺過度敏感導致無法接受讓他人剪指甲的幼兒更是臨床上常會遇到，很多家長只能趁著孩子睡著的情形下剪指甲，苦不堪言。筆者曾經針對數位發展遲緩和自閉症的幼兒進行系統減敏感的方式，成功的讓他們接受剪指甲的經驗。方式如下：

　　剛開始以西卡紙剪成手掌的模型，孩子在老師的協助下，以指甲刀剪西卡紙手指的指甲部分，當孩子能夠接受自己拿指甲刀的感覺時，慢慢的也能接受日後在他人協助下，被握著手，自己拿指甲刀剪自己指甲的感覺。

　　為了讓孩子願意伸出自己的手指，個人拿出泡麵（孩子喜歡的食物即可），分成十小堆（很小的一堆，每堆不要太多，約六到七根），每堆放在小張方形紙片中，只要孩子伸出一根手指頭

讓大人剪指甲，便可以吃一小堆，結果吃完十小堆麵，也剪完了十根手指頭了。

下一次剪指甲的時候，就可以伸出一根手指頭，給他一根泡麵（逐步褪除），吃完十根泡麵，也剪完十根手指頭上的指甲了。

日後若要求孩子獨立完成剪的動作時，可以先將雙手泡在溫水中，指甲泡軟一點比較容易剪。

其他要注意的事項是：

1. 有些孩子常會不自主的抓癢，所以保持指甲平滑是很重要的。
2. 較小的嬰幼兒，最好使用嬰幼兒專用的指甲刀，因為尺寸較小，力臂較短，在使用上比較靈活不易受傷。
3. 指甲不要剪得太進去，以免指肉發炎。
4. 若孩子不願意剪，也可以當別人剪指甲時，讓孩子觀看，以減輕害怕的情緒，千萬不要強烈執行，否則會造成孩子日後更大的恐慌。

圖 2-6-1 西卡紙剪成如圖

圖 2-6-2 西卡紙剪成如手指的粗細

圖 2-6-3 黏貼成如圖示

圖 2-6-4 將指甲部分剪成細條

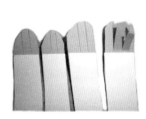

圖 2-6-5 細條放大圖

圖 2-6-6 模擬剪指甲的經驗

第三單元

上衣穿脫與摺疊處理

3-1 （扣、拉、解）基本技能

3-1-1　扣鈕釦

教　材	有鈕釦的上衣。
注意事項	先使用較大的鈕釦，再逐漸縮小，鈕釦的布邊要加厚，鈕釦孔旁亦需要加強厚度，以利其操作。
步　驟	1. 找到最下面的鈕釦。 2. 由下往上釦。 3. 一手握住鈕釦，一手捏住對應的釦眼。 4. 拇指將釦子往釦眼推入。 5. 食指按住釦眼旁邊縫，拇指夾住布邊往反方向拉。 6. 另一手的拇指與食指，將已進入之鈕釦拉出。

　　針對程度比較好的孩子，教導扣鈕釦的技能是有其必要的，但是在扣鈕釦的過程中，常發現很多人都會將兩邊的鈕釦扣錯，沒有對應好，因此扣鈕釦自下面往上扣的原則就很重要，為了讓孩子很清楚的了解兩邊的對應，貼紙的使用是有其必要性的，等到熟練之後，再將貼紙去除。

示範圖

圖 3-1-1-1　在襯衫的最下面鈕釦
貼上貼紙

圖 3-1-1-2　視覺提示放大圖

圖 3-1-1-3　先扣最下面的鈕釦

圖 3-1-1-4　再依次往上扣

圖 3-1-1-5　扣到上面，視狀況保
留一顆

圖 3-1-1-6　完成圖

此外，有些大孩子在正式的場合必須要穿著襯衫，這時候也可以將有鈕釦的襯衫做些修改，如此便不會因為不會扣鈕釦而穿著過於不正式。以下就修改的過程以圖示加以說明。修改示範：

(1)有鈕釦的上衣。　　(2)將鈕釦拆下來，與釦　　(3)在鈕釦的內側車上黏
　　　　　　　　　　　　眼縫合，外觀與一般　　　　扣帶子帶，在原本的
　　　　　　　　　　　　扣好的鈕釦一致。　　　　　鈕釦處縫上母帶。

圖 3-1-1-7　將鈕釦修改成黏扣帶

3-1-2　解鈕釦

教　　材	有鈕釦的上衣。
注意事項	釦眼和鈕釦的縫邊要加厚以利抓握。
步　　驟	1. 將上衣的下擺拉出。 2. 拇指與食指夾住釦眼旁的邊縫。 3. 另一隻手夾住鈕釦，往釦眼下方推出。

解開鈕釦可以從最上面往下解開，剛開始訓練的時候，可以就鈕釦的形式做調整，例如：

　　1. 比一般還要大的鈕釦。

2. 易於抓握的鈕釦。

3. 有高度的鈕釦（不要平面的鈕釦）。

4. 有造型的鈕釦（易於抓握，不會滑動）。

5. 縫線的材質可以採用有鬆緊的線為主，在鈕釦的抓握上比較容易。

 示 範 圖

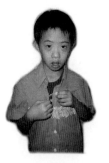

圖 3-1-2-1　從最上面的鈕釦開始解開　　　圖 3-1-2-2　往下解開

圖 3-1-2-3　解開至最後一顆鈕釦

3-1-3　拉上拉鍊

教　材	有拉鍊的衣服。
步　驟	1.一手將母槽上下部分壓緊不動。 2.將子片推入母槽中扣住。 3.手移至合併後的母槽上壓緊。 4.另一手抓拉鍊環。 5.往上拉至領口下端。

修改圖示：將拉鍊頭加裝大拉環

(1)一般有鈕釦的上衣。

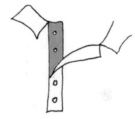

(2)將上片剪下換成拉鍊的另一半。

(3)完成一般的拉鍊上衣。

(4)加上大的不鏽鋼套環。

圖 3-1-1-7　將鈕釦修改成黏扣帶

示範圖

圖 3-1-3-1　穿上外套

圖 3-1-3-2　一手抓住拉鏈母槽

圖 3-1-3-3　一手抓住拉鏈子槽

圖 3-1-3-4　以右手套入母槽中

圖 3-1-3-5　左手抓住母槽和拉鍊頭，用另一手拉住子槽往上拉

圖 3-1-3-6　將拉鍊拉到最頂端

3-1-4　拉開拉鍊

教　材	有拉鍊之衣服。
步　驟	1.左手抬高抓住領口。 2.右手鍊環往下拉，直接使子片脫落。

示範圖

圖 3-1-4-1　將拉鍊自頂端往下拉

圖 3-1-4-2　繼續往下拉

圖 3-1-4-3　至拉鍊頭的地方

圖 3-1-4-4　將子槽從母槽中往上拉開

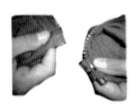

圖 3-1-4-5　使子槽和母槽分開　　圖 3-1-4-6　使外套左右邊分開

3-2　穿套頭上衣

　　穿脫衣服是必須由體能、感覺、動作協調及認知等方面共同配合而成的技巧，如果能透過更有趣的活動去學習，則孩子學習動機會更強。剛開始訓練的時候要面對鏡子，更能讓孩子看清楚整個流程，對於學習更有助益。

　　不同障礙類別的孩子，需要注意其不同點，例如：腦性麻痺的孩子要注意穿的時候要採取降低痙攣的姿勢，有的是坐姿，有的是側姿；**半邊癱的孩子，先穿壞手，再穿好手，脫的時候先脫好手，再脫壞手。**

　　剛開始教導的時候，用手抓握觸摸衣服的每一個部分，讓孩子清楚，有助於日後的訓練（衣領、袖口、長袖、短袖、長褲、短褲）。

　　教孩子穿脫衣服之際，除了必須針對注意孩子的慣用手之外，還可以運用口訣或是唱遊的方式來加強其願意自己穿衣服的動機，例如：穿套頭衣服的時候可以使用：「**魚兒魚兒水中游，右手游出去（右手伸出右袖），左手游出去（左手伸出左袖），把頭衝出去——蹦（製造音效）。**」

　　教學的原則是，較輕度或是程度較好的孩子，儘量以教一般孩子的學習方式為主，不要提供過多的記號或協助；換句話說，一般在辨識衣服的正反面是以領口標籤為原則與依據，較輕度的孩子就可以以此為學習的標的，若孩子一直無法學會，再考慮加上更多的視覺協助或肢體協助，但是剛開始，正常化原則對於輕度的孩子是比較合適的。對於自閉症的個案或是認知不是很好的

幼兒，以聲音加上圖片的結構式的方式進行教學為佳，剛開始指導者肢體協助，同時一邊做動作一邊配合聲音指令，結合孩子的視覺、聽覺與動覺來學習，效果會更好；至於記號的型式必須視孩子的狀況做修正，例如：眼睛都不看的孩子、凡事喜歡用觸摸的孩子，記號用鈕釦或是黏扣帶的子帶作記號是較合適的；視覺型的孩子則只要縫上一條線或是畫上十字便達到提示的目的了。

　　除此之外，指令的一致性也是一件重要的考量，否則衣領有時候念「衣領」，有時候念「領口」，「拉袖口」有時候又念「拉袖子」，徒增孩子的困擾！

　　在質料的選擇部分棉質較佳，過於光滑的衣物在坐姿時較不容易保持身體的平衡，對於初學者不適合。

3-2-1　穿套頭上衣㈠

教　　材	一般有領口標籤的套頭衣服。
注意事項	此方式是針對靠觸覺學習的個案。
步　　驟	1. 找記號（縫鈕釦）。 2. 衣服平放在桌上，背面朝上。 3. 一手抓住下擺，另一手伸入袖子。 4. 換邊同步驟3.。 5. 雙手抓住後片下擺。 6. 伸出頭至領口外。 7. 整理衣服前片下擺。 8. 整理後片。

示 範 圖

圖 3-2-1-1　將套頭衣服翻到背面找記號

圖 3-2--1-2　一手抓住下擺

圖 3-2-1-3　右手伸入右袖

圖 3-2-1-4　使手伸出袖子外面

圖 3-2-1-5　左手伸入左袖，並伸出 袖口外

圖 3-2-1-6　雙手抓住後片下擺

圖 3-2-1-7　使頭伸出領口

圖 3-2-1-8　兩手伸出袖口並伸直

圖 3-2-1-9　兩手拉住下襬的兩端

圖 3-2-1-10　整理下襬

3-2-2　穿套頭上衣㈡

教　　材	一般有領口標籤的套頭衣服。
注意事項	針對較輕度的個案。
步　　驟	1. 找到領口標籤。 2. 翻面。 3. 右手伸入右袖，出右袖。 4. 左手伸入左袖，出左袖。 5. 頭套入領口，自領口伸出。 6. 整理下擺。

　　同 3-2-1 之穿法，但是不做記號，以布標為參照點，先找到布標，接下來再翻到背面，其他的步驟不變，以一般的辨識方式更能符合正常化原則。

3-2-3　穿套頭上衣㈢

教　　材	一般有領口標籤的套頭衣服。
注意事項	針對偏癱者。
步　　驟	1. 坐在有靠背的椅子上。 2. 衣服背面朝上。 3. 放在腿上。 4. 先穿麻痺手。 5. 接下來穿健康手。 6. 儘可能拉到肩膀上。 7. 用健康手抓下擺。 8. 彎下腰，使頭伸出領口。 9. 整理下擺。

示 範 圖

圖 3-2-3-1 將上衣的背面放置腿上

圖 3-2-3-2 以好手幫助壞手，先穿麻痺手

圖 3-2-3-3 使麻痺手先出袖口

圖 3-2-3-4 好手伸出袖口

圖 3-2-3-5 好手協助麻痺手將下襬處往頭上套

圖 3-2-3-6 套至頭上部位

圖 3-2-3-7　使領口伸出頭部

3-3　脫套頭上衣

3-3-1　脫套頭上衣㈠

教　　材	一般有領口標籤的套頭衣服。
注意事項	針對一般特殊幼兒。
步　　驟	1.雙手先抓住領口前方，再移到領口後方。 2.彎身。 3.將領口自頭部拉出。 4.右手將左袖拉出。 5.左手將右袖拉出。 6.找到領口標籤。 7.甩。 8.將衣服掛好或放入洗衣籃中，或是摺好放入背包中。

　示　範　圖

圖 3-3-1　兩手拉住領口前面　　　圖 3-3-2　使領口往嘴巴方向拉

圖 3-3-3　兩手移到領口的後方　　圖 3-3-4　將領口往頭頂的方向移動

圖 3-3-5　身體往前傾　　　　　　圖 3-3-6　使頭伸出領口處

圖 3-3-7　左手拉右袖　　　　　　圖 3-3-8　將右袖拉出

圖 3-3-9　右手拉左袖　　　　圖 3-3-10　使衣服正面脫下

3-3-2　脫套頭上衣㈡

教　　材	一般有領口標籤的套頭衣服。
注意事項	針對頭部較大的兒童。
步　　驟	1. 右手放在左下擺。 2. 左手放在右下擺。 3. 握住下擺兩端。 4. 往上拉。 5. 使頭部伸出領口。 6. 拉右袖口。 7. 拉左袖口。 8. 找到領口標籤。 9. 甩。 10. 將衣服掛好或放入洗衣籃中，或是摺好放入背包中。

示 範 圖

圖 3-3-2-1 兩手各放在衣服下襬

圖 3-3-2-2 雙手交叉各抓住下襬處

圖 3-3-2-3 彎腰將領口往頭部拉

圖 3-3-2-4 使領口伸出頭部

圖 3-3-2-5　整理袖口

圖 3-3-2-6　左手拉右袖口

圖 3-3-2-7　右手拉左袖口

圖 3-3-2-8　拿起脫下的衣服

3-4 穿外套（長袖）

3-4-1 穿外套（長袖）㈠

教　　材	長袖有領子的外套。
注意事項	右袖內側肩線接縫處做上記號（貼貼紙或縫扁平鈕釦）。
步　　驟	1.右手找到領口標籤。 2.左手握住領口標籤。 3.右手伸出右袖。 4.左手抓住肩後領子。 5.往上提。 6.左手尋找左袖。 7.伸出左袖。 8.雙手抓住左右邊領口。 9.往前胸併合，拉鍊拉好。 10.整理領口。

 示 範 圖

圖 3-4-1-1　右肩內側貼一張貼紙

圖 3-4-1-2　左手提起領口標籤

圖 3-4-1-3　右手伸進右袖

圖 3-4-1-4　左手抓住肩後領子

圖 3-4-1-5　左手伸進左袖

圖 3-4-1-6　使雙手伸出袖口

圖 3-4-1-7　兩手放置領口後面整理領口

圖 3-4-1-8　將兩邊衣服拉近並做拉拉鍊的動作，將外套穿好

3-4-2　穿外套（長袖）㈡

教　材	1.長袖外套。 2.有角度的椅子。
注意事項	1.針對偏癱的個案。 2.先穿壞邊，再穿好邊。
步　驟	1.衣服掛椅背上，布標朝外。 2.好手先幫壞手進入袖口。 3.再穿好手。 4.好手整理下擺。 5.整理領口。

 示範圖

圖 3-4-2-1　椅子一把

圖 3-4-2-2　將外套的內側向外掛在椅子上

圖 3-4-2-3　站在衣服前面

圖 3-4-2-4　好手先幫麻痺手穿好一邊

圖 3-4-2-5　右手幫助左手伸入左袖內

圖 3-4-2-6　右手拉住左邊領口

圖 3-4-2-7　右手將右邊領口拉過　圖 3-4-2-8　穿好後再把拉鍊拉好
來，再把右袖穿好

3-4-3　穿外套（長袖）㈢

教　　材	1.外套先把拉鍊拉至一半固定。 2.領口後面中間部位做上記號。
注意事項	針對類化能力較差者。
步　　驟	1.將外套背面擺好。 2.右手伸出右袖。 3.左手伸出左袖。 4.頭自領口伸出。 5.整理前片。 6.整理後片。

示 範 圖

圖 3-4-3-1　找到領口標籤，放在
桌面上

圖 3-4-3-2　將衣服翻面，背面朝
上

圖 3-4-3-3　左手拉住上衣上片的
下襬

圖 3-4-3-4　右手伸進下襬的中間
部位

圖 3-4-3-5　右手自右袖伸出袖口

圖 3-4-3-6　左手自左袖伸出袖口

圖 3-4-3-7　兩手伸出兩邊袖口

圖 3-4-3-8　彎腰

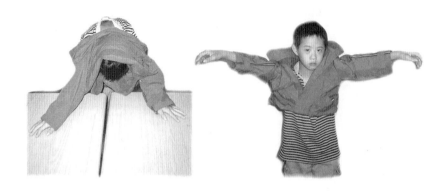

圖 3-4-3-9　將領口伸入頭部　　圖 3-4-3-10　兩手伸出兩袖的袖口

圖 3-4-3-11　頭自領口伸出去　　圖 3-4-3-12　整理衣服

3-4-4　穿外套（長袖）㈣

教　　材	長袖外套。
注意事項	將外套平舖在桌上，領口標籤靠近自己，外套倒放。
步　　驟	1. 衣服放好。 2. 右手伸出右袖。 3. 左手伸出左袖。 4. 雙手同時將外套提高。 5. 由前往上用力往後甩。 6. 雙手成一字狀。 7. 雙手伸到領口抖平領子。 8. 順著拉鍊往下拉下前片。

 示範圖

圖 3-4-4-1　外套平舖桌上　　圖 3-4-4-2　右手伸入右袖，左手伸進左袖

圖 3-4-4-3 雙手伸出左右邊袖口　　圖 3-4-4-4 彎腰將頭自領口伸出

圖 3-4-4-5 兩手伸出袖口　　圖 3-4-4-6 整理領口和外套

3-4-5　穿外套（長袖）㈤

教　材	外套內裡轉向自己。
步　驟	1. 左手抓住領口標籤。 2. 右手伸入右袖。 3. 左手從右手下方穿過伸入左袖。 4. 雙手順勢由前往上提高。 5. 提高之交叉雙手轉向左側，越過頭頂。 6. 雙手將外套甩到背後。 7. 雙手高舉，滑入袖內。 8. 順著拉鍊往下整理前片。 9. 整理下擺。 10. 結束。

 示範圖

圖 3-4-5-1　衣服如圖放好

圖 3-4-5-2　領口標籤朝內

圖 3-4-5-3　雙手各朝袖口放入

圖 3-4-5-4　雙手在頭上交叉翻正衣袖

圖 3-4-5-5　雙手出兩手袖口

圖 3-4-5-6　完成圖

3-4-6　穿外套（長袖）㈥

教　材	長袖外套。
注意事項	將外套的領口標籤朝外，放置肚臍處。
步　驟	1. 衣服放好。 2. 右手伸入右袖，出右袖。 3. 左手伸入左袖，出左袖。 4. 雙手同時將外套提高。 5. 由前往頭部，用力往後甩。 6. 雙手成一字狀。 7. 雙手伸到領口抖平領子。 8. 順著拉鍊往下拉下前片。

 示　範　圖

圖 3-4-6-1　將領口標籤朝外側放置
肚臍處

圖 3-4-6-2　右手伸入右袖

圖 3-4-6-3　左手伸入左袖　　　圖 3-4-6-4　彎腰將頭自領口伸出

圖 3-4-6-5　兩手伸出袖口　　　圖 3-4-6-6　整理領口和外套

3-5 脫外套（長袖）

3-5-1　脫外套（長袖）㈠

教　　材	長袖外套。
注意事項	衣服上有領口標籤。
步　　驟	1. 把拉鍊拉下，雙手抓住外套前胸左右布邊。 2. 將外套往後脫至肩膀。 3. 雙手移至肩背後。 4. 右手抓住左袖口。 5. 將左袖拉出。 6. 左手抓住右袖。 7. 將右袖拉出。 8. 找到領口標籤。 9. 甩。 10. 將衣服掛好。

示 範 圖

圖 3-5-1-1　兩手各放到領口左右邊

圖 3-5-1-2　往下褪

圖 3-5-1-3　右手拉左袖

圖 3-5-1-4　放掉左袖

圖 3-5-1-5　右手伸到前面將衣服往前握住

圖 3-5-1-6　左手拉右袖

圖 3-5-1-7　左手拉住長袖的袖口

圖 3-5-1-8　右手抓住領口標籤

3-5-2 脫外套（長袖）㈡

教　　材	長袖外套。
注意事項	針對手較短的個案。
步　　驟	1. 把拉鍊拉下。 2. 雙手抓住外套前胸左右布邊。 3. 將外套左右脫至肩膀。 4. 雙手移到前面。 5. 右手拉左袖（左手自身體方向褪出）。 6. 左手拉右袖（右手自身體方向褪出）。 7. 把衣服掛好。 8. 結束。

 示範圖

圖 3-5-2-1　兩手各放在領口兩側

圖 3-5-2-2　將領口兩側往下拉

圖 3-5-2-3 將衣服往肩部下褪

圖 3-5-2-4 左手拉右袖

圖 3-5-2-5 右手順勢褪除往上

圖 3-5-2-6 左手將袖口拉出

圖 3-5-2-7 拉左袖

圖 3-5-2-8 使左手出左袖口

圖 3-5-2-9　拉左袖

圖 3-5-2-10　左手握領口標籤

圖 3-5-2-11　自領口標籤處抓住掛好

3-5-3　脫外套（長袖）㈢

教　材	外套把拉鍊拉到一半的地方。
注意事項	針對類化能力較差者。
步　驟	1. 雙手抓住領口。 2. 往頭上拉出。 3. 右手將左袖拉出。 4. 左手將右袖拉出。 5. 找領口標籤。 6. 甩。 7. 把衣服掛好。

 示範圖

圖 3-5-3-1　雙手放在領口的兩端

圖 3-5-3-2　頭低下來

圖 3-5-3-3　將外套自頭部伸出　　圖 3-5-3-4　將外套身出頭部並握住
　　　　　　　　　　　　　　　　領口兩端

圖 3-5-3-5　雙手伸直　　　　　　圖 3-5-3-6　左手拉右袖

圖 3-5-3-7　使右手伸出袖口　　　圖 3-5-3-8　右手拉左袖

圖 3-5-3-9　左手伸出左袖口　　圖 3-5-3-10　左手握住領口標籤，將
衣服掛好或摺好

3-5-4　脫外套（長袖）㈣

教　　材	長袖外套。
注意事項	針對偏癱者。
步　　驟	1. 先把領口褪至肩膀。 2. 好手先把好邊衣袖脫掉。 3. 將壞手衣袖脫掉。

示範圖

圖 3-5-4-1　將外套褪至肩膀處

圖 3-5-4-2　將好手先脫下

圖 3-5-4-3　再將壞手袖口脫下

圖 3-5-4-4　好手將衣服拉起，整理好

3-6　摺上衣

3-6-1　摺上衣㈠

教　材	長袖或短袖上衣。
注意事項	平日練習壓住抹平的指令。
步　驟	1. 將外套正面放好。 2. 前片左右對齊。 3. 左邊衣袖往右摺。 4. 右邊衣袖往左摺。 5. 抓住下擺兩端。 6. 往上輕輕提。 7. 對齊中央。 8. 一手壓住中央處。 9. 另一手摺一半。 10. 壓住抹平。

示範圖

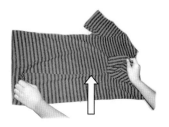

圖 3-6-1-1　左邊衣袖往右摺

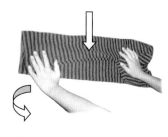

圖 3-6-1-2　右邊衣袖往左摺

圖 3-6-1-3　抓住下擺兩端往上輕輕提

圖 3-6-1-4　或握住領口兩端，由上往下摺

圖 3-6-1-5　完成圖

3-6-2　摺上衣㈡

教　材	長袖或短袖上衣。
注意事項	平日練習壓住抹平的指令。
步　驟	1.將外套正面放好。 2.前片左右對齊。 3.左邊衣袖往右摺。 4.右邊衣袖往左摺。 5.抓住領口。 6.往下輕輕放。 7.對齊中央。 8.一手壓住中央處。 9.另一手摺一半。

 示　範　圖

圖 3-6-2-1　將衣服置放桌面

圖 3-6-2-2　站在桌子前面

圖 3-6-2-3　左手將左袖往上拉

圖 3-6-2-4　往左邊摺過去

圖 3-6-2-5　左袖往下擺放

圖 3-6-2-6　右手拉起右袖

圖 3-6-2-7　往左邊放

圖 3-6-2-8　右袖往下擺放

【摺法一】

圖 3-6-2-9　兩手握住下擺兩端

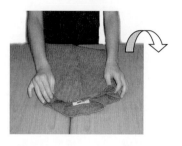

圖 3-6-2-10　由下往上摺

【摺法二】

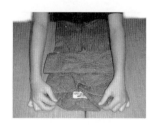

圖 3-6-2-11　兩手拉住衣領兩端往下褶

圖 3-6-2-12　往下褶

圖 3-6-2-13　最後再往下摺一次，便完成

3-7 摺長褲

3-7-1 摺長褲㈠

教　　材	鬆緊帶的長褲。
注意事項	在右邊鬆緊帶腰帶處縫上鈕釦或線做記號。
步　　驟	1. 將長褲正面攤平放在桌上。 2. 順著中線右片往左片摺。 3. 腰帶與褲腳摺疊對齊。 4. 再對摺一次。 5. 結束。

 示 範 圖

圖 3-7-1-1　將長褲正面攤平放在桌上

圖 3-7-1-2　順著中線，兩手各拉住中線的兩端，往旁邊拉

圖 3-7-1-3　壓住抹平

圖 3-7-1-4　一手放在中間，一手握住鬆緊帶，往褲腳方向摺

圖 3-7-1-5　與褲腳對齊後，壓住

圖 3-7-1-6　放褲子中間的手伸出來，抹平

圖 3-7-1-7　一手放在中間，另一手握住鬆緊帶，往下摺

圖 3-7-1-8　壓住抹平

3-7-2　摺長褲㈡

教　材	鬆緊帶的長褲。
注意事項	適當地做上記號。
步　驟	1.將長褲正面攤平放在桌上。 2.一手抓住記號。 3.一手順勢抓住另一端。 4.右片往左片摺。 5.腰帶與褲腳摺疊對齊。 6.再對摺一次。 7.結束。

 ## 示　範　圖

圖 3-7-2-1　將長褲正面攤平放在桌上

圖 3-7-2-2　一手抓住記號，一手順勢抓住另一端

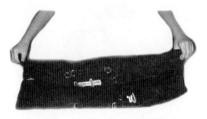

圖 3-7-2-3　兩手各抓住一端，將
右片提起

圖 3-7-2-4　往左片褶過去

圖 3-7-2-5　左手放在長褲中間

圖 3-7-2-6　右手提起褲腳一端，
往鬆緊帶處摺

圖 3-7-2-7　左手伸出，壓住長
褲，抹平

圖 3-7-2-8　右手握住長褲右端，
一手按住長褲中間

圖 3-7-2-9　往中間摺，最後再抹平　　圖 3-7-2-10　壓住抹平

第四單元

長褲、鞋襪穿脫篇

4-1　穿襪子

4-1-1　穿襪子㈠

教　材	較寬鬆的襪子。
注意事項	1.針對觸覺型的孩子。 2.襪子的右側做上記號。
步　驟	1.找記號。 2.右手抓住記號，左手抓住另一端。 3.撐開襪口。 4.腳板翹起。 5.雙手將襪子套入腳板。 6.雙手將腳尖剩餘的襪子往後拉。 7.握住襪口。 8.腳跟翹高。 9.往上拉。 10.整理至無皺褶。

示範圖

圖 4-1-1-1　在襪子的右上側做記號

圖 4-1-1-2　找記號

圖 4-1-1-3　另一手抓住襪口的另一端

圖 4-1-1-4　腳尖翹高，將襪口套入腳尖

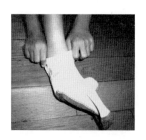

圖 4-1-1-5　將襪子往上拉

圖 4-1-1-6　將腳尖的襪子往後拉

圖 4-1-1-6　腳跟翹起，將襪子往上拉高

圖 4-1-1-7　一手拉住腳底的襪子，另一手拉腳尖處，整理襪子

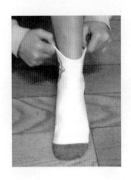

圖 4-1-1-9　完成圖

4-1-2　穿襪子㈡

教　材	選取雙色，腳底為深色的襪子，且前端有橫線。
注意事項	針對較輕度的個案。
步　驟	1. 找到襪子有橫線的前端。 2. 甩。 3. 拍平。 4. 握住襪子左右兩端。 5. 往上拉至二分之一處。 6. 整理腳尖部分。 7. 往上拉到底。 8. 整理至無皺紋。

示 範 圖

圖 4-1-2-1　襪子一雙

圖 4-1-2-2　找到襪子有橫線的前端

圖 4-1-2-3　平放，拍平

圖 4-1-2-4　一手先握住一端

圖 4-1-2-5　另一手握另一端，雙手
撐開襪口

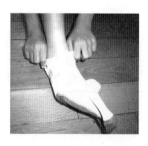

圖 4-1-2-6　往上拉至二分之一處

圖 4-1-2-7　整理腳尖部分

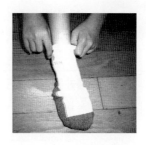

圖 4-1-2-8　翹起腳跟將襪子拉到底

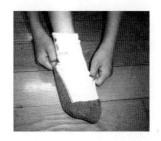

圖 4-1-2-9　整理襪底使之無縐摺

4-2 脫襪子

教　　材	穿在腳上的襪子。
注意事項	襪子的長度勿過長。
步　　驟	1.腳跟翹起。 2.右手找記號。 3.左手移至另一側。 4.將襪子往前推至腳掌二分之一處。 5.右手留至原處不動。 6.左手移至腳尖處。 7.雙手齊使力，往前拉。 8.使襪子正面脫出。 9.將襪子放入鞋子中。

示 範 圖

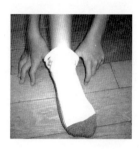

圖 4-2-1 雙手撐開襪口

圖 4-2-2 翹起腳跟,將襪子往腳
尖處推

圖 4-2-3 翹起腳尖,一手放在襪
子的一端,另一手拉腳尖處

圖 4-2-4 將襪子正面脫下

4-3　穿鞋子

4-3-1　穿鞋子(一)

教　材	有黏扣帶的鞋子。
步　驟	1. 找右鞋。 2. 將鞋子放至右腳前面。 3. 左手打開黏扣帶。 4. 右手拉舌布。 5. 右腳放進去右鞋。 6. 伸出右手食指。 7. 整理鞋跟。 8. 使腳跟套入鞋跟中。 9. 整理舌布。 10. 拉黏扣帶。 11. 貼。 12. 換腳重複步驟 1. - 10.。

分辨左右鞋的方式

1. 右鞋的前端貼一張貼紙作為分辨右腳之視覺線索。

2. 鞋底的內側貼兩張一半的貼紙，合成一個圓。

 示 範 圖

圖 4-3-1-1　右手拿右鞋

圖 4-3-1-2　打開黏扣帶

圖 4-3-1-3　拉開舌布

圖 4-3-1-4　食指伸出來，勾住鞋跟，使腳跟套入

圖 4-3-1-5　拉黏扣帶　　　　　圖 4-3-1-6　把黏扣帶貼起來

4-3-2　穿鞋子㈡

教　材	黏扣帶的鞋子。
步　驟	1. 找右鞋。 2. 將鞋子放至右腳前面。 3. 左手打開黏扣帶。 4. 右手拉舌布。 5. 右腳放進去右鞋。 6. 伸出雙手食指（自外側往中央）。 7. 整理鞋跟。 8. 使腳跟套入鞋跟中。 9. 整理舌布。 10. 拉黏扣帶。 11. 貼。 12. 換腳重複步驟 1. - 10.。

在舌布的一端縫起來加以固定

固定舌布圖

　　有很多孩子不會拉舌布，導致舌布都會擠在鞋子裡面，最好的方式便是將舌布的一端車縫在黏扣帶的一端，如此便不會穿鞋子時把舌布擠成一堆，導致不舒服。

 示範圖

圖 4-3-2-1　拿起右鞋

圖 4-3-2-2　拉舌布

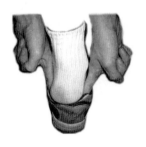

圖 4-3-2-3　兩手食指整理鞋跟

圖 4-3-2-4　整理舌布

圖 4-3-2-5　拉黏扣帶

圖 4-3-2-6　貼黏扣帶

4-4　脫鞋子

4-4-1　脫鞋子㈠

教　材	有黏扣帶的鞋子。
步　驟	1.採坐姿。 2.左手撕開右鞋黏扣帶。 3.右手抓住後面鞋跟。 4.往下推出鞋跟使右鞋脫下。 5.同理，伸出左腳脫左鞋。 6.右手大拇指與四指撐開。 7.提起該雙鞋。 8.放置鞋櫃或其他規定的位子。

示範圖

圖 4-4-1-1　左手拉右腳黏扣帶

圖 4-4-1-2　右手放在右腳鞋跟，往下並往前推

圖 4-4-1-3 　將兩隻鞋子以右手拿好，放入鞋櫃或擺在固定的位子

4-4-2　脫鞋子㈡

教　　　材	有黏扣帶的鞋子。
注意事項	剛開始練習時，鞋子可以稍大，不要太緊。
步　　　驟	1. 採坐姿。 2. 左手撕開右腳黏扣帶。 3. 右大拇指伸出來，放入鞋跟中將鞋跟推出。 4. 往下推出鞋跟使右鞋脫下。 5. 同理，伸出左腳脫左鞋。 6. 右手大拇指與四指撐開。 7. 提起該雙鞋。 8. 放置鞋櫃或其他規定的位子。

示範圖

圖 4-4-2-1　打開黏扣帶

圖 4-4-2-2　大姆指伸入鞋跟，往下和往前推出

圖 4-4-2-3　換手，打開另一雙鞋子的黏扣帶

圖 4-4-2-4　大姆指伸入鞋跟處，往下拉之後再往前推出

圖 4-4-2-5　手掌撐開

圖 4-4-2-6　握住兩隻鞋子，放到規定的地方

4-5 穿褲子

4-5-1 穿褲子㈠

教　　　材	短褲。
注意事項	1.採坐姿。 2.先將鞋子脫下來。
步　　　驟	1.先坐在地板或是床上。 2.正面拿起短褲。 3.雙手至兩側撐開褲頭。 4.兩腳同時伸入褲管中。 5.起身，雙手拉鬆緊帶至大腿。 6.左手伸至褲子後面。 7.右手伸至褲子前面。 8.往上拉。 9.雙手自褲子前面往外拉，再往後繞一個大圈，重複畫弧。 10.整理上衣下擺至褲子裡面適當位置。

示範圖

圖 4-5-1-1　坐在木質地板或是床上，兩腳撐開套入鬆緊帶口

圖 4-5-1-2　兩手將腰帶口拉至膝蓋處

圖 4-5-1-3　將兩側褲子拉高整理

圖 4-5-1-4　起身，雙手握住褲頭上拉至腰部

4-5-2　穿褲子㈡

教　材	1.椅子。 2.長褲。
注意事項	以坐姿穿鬆緊帶褲子，穿褲子之前要先將鞋子脫下來。
步　驟	1.將褲子正面擺放在大腿處。 2.右手抓住右邊記號。 3.左手順勢抓住另一側。 4.彎身。 5.左手將左邊褲腳往上提至同側腰鬆緊帶處，並重疊抓住。 6.右腳入右褲管。 7.左手將左褲管放下。 8.左腳入左邊褲管。 9.彎身將兩邊褲管往上拉至腳掌伸出來。 10.起身。 11.左手伸至褲子後面。 12.右手伸至褲子前面。 13.往上拉至褲子沒有皺摺。 14.雙手自褲子前面往外拉，再往後繞一個大圈，重複畫弧。 15.整理上衣下擺至褲子裡面適當位置。

示範圖

圖 4-5-2-1　坐著，兩手各握住褲子兩側

圖 4-5-2-2　左手將左邊褲腳往上摺，並握住

圖 4-5-2-3　右腳伸入右邊褲管

圖 4-5-2-4　將左手褲管放下，左腳伸入左褲管

圖 4-5-2-5　握住鬆緊帶兩端往上
拉至腳掌伸出來

圖 4-5-2-6　站起來，將褲子拉至
腰部，右手放到褲子後面往上提

圖 4-5-2-7　整理褲子

4-5-3　穿褲子㈢

教　材	鬆緊帶長褲。
注意事項	站立式的穿鬆緊帶褲子，身體靠牆或桌子。
步　驟	1. 先脫鞋子。 2. 右手抓住右邊記號。 3. 左手順勢抓住另一側。 4. 彎身。 5. 左手將左邊褲腳往上提至同側腰鬆緊帶處，並重疊抓住。 6. 右腳入右褲管。 7. 左手將左褲管放下。 8. 左腳入左邊褲管。 9. 彎身將兩邊褲管往上拉至腳掌伸出來。 10. 重複拉進，使褲管沒有皺紋。 11. 左手伸至褲子後面。 12. 右手伸至褲子前面。 13. 往上拉。 14. 雙手自褲子前面往外拉，再往後繞一個大圈，重複畫弧。 15. 整理上衣下擺至褲子裡面適當位置。
備註說明	穿褲子㈢與穿褲子㈡，只有站姿和坐姿不同，所以不做重複圖示說明。

4-6 脫褲子

教　　材	鬆緊帶長褲。
注意事項	不管坐式或站姿，鞋子一定要先脫掉。
步　　驟	（站姿） 1.脫鞋子。 2.雙手將褲帶往下拉至膝蓋位置。 3.右手扶支撐物。 4.右腳抬高。 5.左手伸至褲腳處。 6.將褲腳正面拉出。 7.轉身。 8.左手扶支撐物。 9.左腳抬高。 10.右手至褲管尾端將褲腳拉出。 11.將脫下的褲子掛好或放入籃子中。 12.結束。

．示範圖為坐姿脫法。

示範圖

圖 4-6-1　右手按住右邊記號

圖 4-6-2　左手放在另一邊的鬆緊帶處

圖 4-6-3　兩手往下推

圖 4-6-4　坐下來，左手拉右腳褲管

圖 4-6-5　將右褲管正面拉出來

圖 4-6-6　右手抓住左邊褲管

圖 4-6-7　將左褲管拉出

圖 4-6-8　將褲子放置適當的地方

4-7　戴帽子

教　　材	前端有帽沿的鴨舌帽。
注意事項	帽沿兩端各做上記號。
步　　驟	1. 找記號。 2. 有帽沿的部分朝向自己。 3. 雙手拇指按住記號。 4. 蓋住頭部。 5. 結束。

　　很多一般兒童對戴帽子有很大的排斥，更何況是特殊幼兒，所以筆者曾經嘗試要求排斥戴帽子的個案，藉由戶外教學的機會，讓該個案一手拿著水壺，一手拿著手提袋，再從該生的後面輕輕的將較大的棒球帽戴在該生的頭上，要注意的是帽沿要朝後，讓該生對於帽子戴在頭上的感覺不會太過刺激。

　　因為該生對於水壺特別有興趣，所以一邊走路一邊搖晃著水壺，沒有注意到帽子戴在頭上，筆者再逐漸將帽沿往前挪，讓該生適應帽子戴在頭上的感覺，經過了多次的練習，該生終於可以適應外出戴帽子的習慣了。

　　請注意在使用該法的時候帽子不能太緊，否則會讓個案立刻察覺而導致排斥，若一開始就讓該生排斥，則後續矯治就無法進行。

示範圖

圖 4-7-1　有帽沿的鴨舌帽

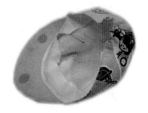

圖 4-7-2　在帽沿的內側各貼一張
貼紙，作為視覺線索

圖 4-7-3　兩手大拇指按住貼紙處

圖 4-7-4　往頭上放

圖 4-7-5　將帽子套到頭上

除此之外,還可以以活動的方式讓孩子學習戴帽子而不厭煩,其方式如下:

1. 材料可以選擇小乒乓球、沙包或是襪子球數顆。
2. 先請小朋友做投手,指導者當捕手。
3. 指導者拿起帽沿內側貼有兩張貼紙的帽子。
4. 當孩子丟球的時候,指導者要跟著孩子的方向把球接住(帽子翻到背面以凹陷處盛住球),指導者的兩手大拇指按住貼紙處。
5. 當所有的球都丟完之後,交換角色。
6. 由指導者丟球,孩子拿帽子接球。
7. 丟完球之後,要求孩子把球倒入籃子裡面,把帽子戴在頭上,數數看有多少球?
8. 比一比剛才的數量和現在的數量誰比較多?
9. 再一回合!

透過以上的方式,便可以很輕易的讓孩子正確的抓握帽子的帽沿,把帽子戴好。筆者以上述的方式教會數位發展遲緩的兒童學會戴帽子的技能,寓教於樂成效佳。

第五單元

實用技藝

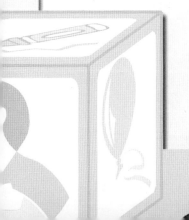

5-1 丟垃圾

教　材	垃圾桶中有垃圾。
注意事項	垃圾不能太滿。
步　驟	1.先把垃圾桶中的垃圾袋頂端豎起來。 2.抓住塑膠袋的兩端。 3.做交叉的動作。 4.下端自下往上伸出洞中。 5.往兩側拉緊。 6.重複步驟 2.-5.。 7.拿起新的垃圾袋。 8.撕下新的垃圾袋。 9.兩手做互搓的動作。 10.抓住垃圾袋的兩端做甩的動作。 11.一手壓住垃圾桶底，一手拉另一端。 12.將垃圾袋的一端捲起。 13.再將之塞在垃圾桶的邊緣。

示 範 圖

圖 5-1-1　將垃圾袋拉起

圖 5-1-2　拉起兩端

圖 5-1-3　將兩端打叉叉

圖 5-1-4　一端過山洞

圖 5-1-5　將兩端拉起

圖 5-1-6　再將兩端拉起，打叉叉，過山洞

圖 5-1-7　將兩端拉起

圖 5-1-8　拉起新的垃圾袋

圖 5-1-9　以雙手互搓將袋口搓開

圖 5-1-10　抓住兩端用力甩

圖 5-1-11　置入垃圾桶中，一手
壓住垃圾桶底，一手拉住另一端

圖 5-1-12　兩手放在垃圾桶的兩端

圖 5-1-13　一手壓住一端，另一
手將垃圾袋拉直

圖 5-1-14　一手壓住一端，另一
端做旋轉的動作

圖 5-1-15　將捲起的垃圾袋往垃圾桶邊緣塞入

5-2 掃地

教　　材	1.掃把。 2.垃圾。 3.畚箕。
注意事項	1.較大件的垃圾。 2.地上劃一個圓圈或正方形紙。
步　　驟	1.先用掃把自外側將垃圾掃至圈圈內。 2.依次將圓形周圍的垃圾掃至圈圈中。 3.拿起畚箕將圈圈中的垃圾掃至畚箕中。 4.將畚箕中的垃圾倒入垃圾桶中。

 示 範 圖

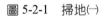
圖 5-2-1　掃地(一)

圖 5-2-2　掃地(二)

圖 5-2-3　掃地(三)

圖 5-2-4　掃地(四)

5-3 洗碗盤

教　材	1. 不鏽鋼碗或壓克力碗。 2. 菜瓜布。 3. 按壓式清潔劑。
注意事項	剛開始訓練學生一次只能按壓一次。
步　驟	1. 按壓式的洗碗精。 2. 將碗內的殘渣倒乾淨。 3. 以清水沖洗碗內的油污。 4. 將菜瓜布弄濕。 5. 洗碗精按壓一次至菜瓜布中。 6. 清洗碗內部。 7. 清洗碗的外緣。 8. 清洗碗的外側。 9. 清洗碗的底部。 10. 依步驟 6.-9. 沖洗,將碗洗乾淨。

　　有的自閉症個案喜歡旋轉的動作,所以洗碗盤的時候也會旋轉碗盤,導致碗盤的損害。曾經有指導者把個案喜愛的物品加以呈現,若個案有做旋轉的動作時,便拿走其中的一項,利用此種虧損法將該生的強迫性的行為加以改善,而當該生完整的洗完碗盤時,便可以得到全部的獎賞。例如:將洋芋片數片放在盤子中,當孩子做旋轉動作時,便拿走其中一片,但是若該生能完整的洗碗盤,那就可以得到全部的洋芋片了。

5-4 會清理桌面

　　清理桌面的重要事項，便是要將物件往哪裡撥移？很多小朋友必須要大人在旁邊提示，方能依提示做動作，若要褪除此過程，最好的方法便是視覺線索，因此在桌面上先貼色紙做訓練是有其必要的。

　　但是必須要注意的是，當孩子已經能夠照步驟徒手移動物件之後，接下來必須模擬抹布蓋住物件，撥弄物件使之正確的移動至桶子中。

　　當模擬的過程純熟之後，便可以改用真正的抹布擦拭髒桌子，同時也要教導孩子認識濕的或是乾的抹布，當孩子用濕的抹布擦完桌子之後，最後再以乾的抹布擦乾桌子。

 示 範 圖

圖5-4-1　桌子中間貼一張紙做視覺提示

圖5-4-2　在桌子左上角放置物件

圖 5-4-3　將物件以左手自左側往左
移

圖 5-4-4　移至色紙上方處

圖 5-4-5　將物件放置桌子右上角

圖 5-4-6　移至色紙上方處

圖 5-4-7　將物件自桌上往下撥

圖 5-4-8　撥進準備好的桶子中

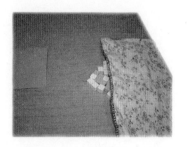

圖 5-4-9 將物件放至桌子左上方，以布蓋住

圖 5-4-10 以布將物件蓋住，用手將物件加以移動

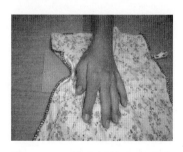

圖 5-4-11 往色紙的上方移動

圖 5-4-12 在桌子的右上方，放置物件，並以布蓋住

圖 5-4-13 右手將布蓋住的物件往色紙處移

圖 5-4-14 移至色紙的上方處

圖5-4-15　集中所有的物件往下移

圖 5-4-16　將所有的物件撥至桶子中

結語

壹 常見的生活自理問題與處理之道

很多生活自理上的問題行為涵蓋了以下幾點，例如：觸覺敏感、不良經驗、固著行為，或因為經驗不足……等，在處理的過程中必須先進行功能性分析，了解確切的原因之後再規劃其解決的策略。

以下就以三個人都在大熱天穿著長袖外套，若進行功能性分析之後，會發現其原因都不一樣：

個案一：

是一位年輕女士：

她穿長外套是因為怕曬黑。

個案二：

是注意力缺損過動症的一年級小朋友：

大熱天，他穿長袖外套，根據他的說法是：因為他常常丟三落四，如果脫下來，很容易忘記帶回家或是遺失，回家一定會被家長處罰，所以最乾脆的方式是，寧願忍耐著酷熱，總比被爸媽處罰還要來得好。

個案三：

是自閉症的個案，因為不知道天氣熱了要脫衣服。

若根據以上三個個案，探究其原因，可以處理的方式如下：

個案一：

她不會讓自己過熱，只要穿著薄外套即可。

個案二：

可以教導他脫下來的衣服放在固定的地方，例如：書包裡、抽屜裡或是掛在椅背上，甚至可以綁在自己的腰上（不在自己的教室時）。

個案三：

可以以下列的方式進行教學，穿上數件衣服，讓個案感受到熱，再教他一件一件脫下來，

最後一件不能脫（光著身子不禮貌）。也可以在冷的時候，教導他穿衣服，一件一件加上去。

其實以上的作法，都是視個案的原因所做的處理，所以功能性分析是處理行為問題非常重要的步驟。接下來就個人在訓練生活自理的過程中常會遇到的問題與處理之道，分別區分為兩部分來說明：

一、處理原理原則

(一)增強作用（Reinforcement）

利用個案所喜愛的增強物（正增強物）來加強某一受歡迎行為的傾向，稱為「正增強」。反之，若藉著停止個案不喜歡的增強物（負增強物）為手段，以促使某一受歡迎的行為形成，則稱「負增強」。

(二)負增強

即是藉著去除個案所不喜歡的負增強物，例如：不必撿垃圾、不准下課等為手段，以加強欲訓練的目標行為（遵守校規、專心聽講⋯⋯）的形成。

(三)逐步暴露法（Gradual Exposure）

要孩子暴露在一連串實際的事物中，逐步暴露的第一步，是要把孩子各種不同的恐懼事物，巨細靡遺地列出來，並且按照孩子恐懼的程度，從最輕微到最嚴重一一排列出來。接下來要孩子在放鬆而安逸的情況下暴露在最不害怕的事物中，經過一再的暴露，孩子對這個事物已經不再畏懼，就可以進入下一個比較會引起恐懼的事物，如此循序漸進，一直到暴露在最恐懼的事物中，稱之為逐步暴露法。

(四)系統減敏感法（Systematic Desensitization）

系統減敏感法包含三個主要步驟，以協助孩子接觸某一種恐

懼的事物，第一步是做身心放鬆的訓練；第二步是將某種恐懼的事物依照害怕的情況列出一個順序表；最後一步是在身心放鬆的狀況下逐漸地呈現引發恐懼的事物，或是逐步接近這個恐懼的事物，然後逐層訓練其減輕或消除對這類刺激的敏感性。

㈤洪水法（Flooding）

係指經飽足原則（Statiation）而消弱害怕的心理。即讓個案長時間面對自認會引起恐懼的事物，卻未有他所預期恐懼的結果發生，直到該恐懼行為出現的機率降低。換句話說，亦即要孩子反覆而長時間地暴露在極端恐懼的情況中，其目的在於消減焦慮或是不欲出現的反應。

不過在實施洪水法時，必須注意年齡不能太小，因為此法含有冒險的情形，若使用不當，很容易造成意外的發生。例如：某生非常害怕聽某一首歌，若採取洪水法的方式，每天大量的播放該首歌，當這首歌播出之後，孩子本身並沒有因此而受傷或是不良的後果，藉由此經驗讓該生對該首歌不再害怕。

㈥不兩立行為效果

若要矯正個案不良行為時，可以運用此策略，也就是說，藉由模仿良好的行為而此行為與個案的不良行為不能相容時，個案為了選擇新的行為必須放棄原有的不良行為稱之。例如：一個喜歡把手放口中玩口水的個案，為了玩手搖鈴，勢必無法再把手放口中玩口水，玩口水和玩手搖鈴為不兩立行為效果。

(七)行為的示範（Modeling）

　　根據社會學習理論，孩子的行為形成大多是來自觀察和模仿他人的行為。一個焦慮的孩子看到別人接觸到他認為恐懼的情況，而沒有任何情況的發生，則害怕的行為會降低；即示範者以身作則，或是藉示範行為而使對方因觀察或模仿而學習到新的正確行為。

(八)認知的策略（Cognitive Strategies）

　　認知的策略範圍很廣，但是最常見的是自我教導、問題的解決以及改變不適應的自我語言。

(九)嫌惡法（Aversion Therapy）

　　係指以一種令人厭煩的嫌惡刺激與一種愉快的刺激配對，使個體逐漸不對愉快的刺激做反應，而達到改變行為的目的。

(十)逐步養成法（Shaping）

　　係指教師想要學生表現某一特定的行為時，可針對此目標行為加以增強，接著再逐步對進一步接近目標行為的反映再予以增強，使學生的行為能循序漸進，達成目標行為。這種利用逐步漸進、循序增強各細部行為以完成目標行為的方法，即稱為逐步養成法或是「行為的逐步漸進法」（the method of successive approximations）（戴嘉南，民 82 年，頁 37）。

(土)代幣制（Token System）

是一種類化的制約增強物，籌碼、積分、點券、……等，案主能夠用以兌換增強物（back-upreinforcer）。

一張蓋了笑臉的卡片，本來不具有增強力，但是因為可以換取一種原級增強物（吃的東西、喜歡的用具、喜愛的活動），逐漸地，它就成為類化的制約增強物，在輔導上使用這類代幣制以發揮正負增強作用而實施的行為改變方案，就是代幣制。

(圭)自我肯定訓練（Assertiveness Training）

係指個案在人際關係中，因有不適宜的焦慮，使其言行上不能做出合理與正確的反應，而採取一系列具有結構性的訓練方式，促使個案改善溝通技巧（即人際關係）。換言之，自我肯定訓練特別適合人際關係的情境，因個人具有情緒上的困難而使其不能做出事宜的表達時，故亦稱為表達訓練。

名詞解釋

- **增強物**：包含正增強和負增強，正增強分為原級增強、次級增強和社會性增強。原級增強包括糖果、玩具；次級增強包括分數、獎狀、代幣；社會性增強包括微笑、讚美、擁抱等。此三類增強皆可以交互使用，但是對於較重度的特殊兒童，使用原級增強比較有效果，除此之外，增強的時機也是一件很重要的考量。
- **處罰（Punishment）**：係指個案產生某種行為之後，加諸以生理的痛苦或心理的傷害，使個體的不當行為漸漸減

少，最後不再發生。處罰有很多方式與型態，如責打、責罵、不允許、孤立、罰款、隔離、取消權利、沉默反應等（黃正鵠，民 80 年，頁 83）。

· 消弱（**Extinction**）：指增強作用所建立的行為，以後該行為再出現，若不繼續予以增強，則該行為出現的機率會逐漸降低。

二　問題與處理方法

㈠進食方面的問題

偏食

很多家長常常為孩子的挑食的情況所困擾，要改善這種情況首先必須要觀察幼兒的偏食種類，並對其作出歸納，找出其偏食的原因。例如：有的小朋友排斥菠菜、空心菜，但是對於高麗菜和胡蘿蔔卻願意吃，在這種情況下就會考慮到該生排斥綠色的蔬菜或是排斥葉菜類的蔬菜，就這兩種可能的情況再做實驗，也就是說再準備同類型的蔬菜測試該生的喜惡。

找出原因之後，可以使用以下的策略：⑴系統減敏感的方式：以該生最喜歡吃的東西蓋住綠色的蔬菜，一次一小口讓該生進食，再逐漸更改喜歡吃的東西和排斥的食物之間的比例；或是⑵以增強物的方式，要求該生吃完綠色的蔬菜後，便可以吃增強物。

案例一

　　小方是一位自閉症的個案，該生只吃肉鬆拌飯，對其他的食物則一概拒絕，於是當時矯治的方法便是：把其他的菜切成小丁狀，拌在肉鬆裡面，剛開始肉鬆的量比較多，菜的量比較少，以口為單位，剛開始因為讓該生看到菜放在肉鬆的上面，因而哭鬧而拒吃，後來便把菜藏在肉鬆裡面，，讓該生沒有了視覺的刺激，最後該生一口一口的把飯吃完。

案例二

　　明明是一位中度智能障礙個案，該生對於吃飯一點興趣都沒有，但是卻對洋芋片有著極強烈的喜愛，於是利用其對洋芋片的喜愛，要求該生。剛開始可以讓他吃一口飯，吃一小片洋芋片，接下來吃兩口飯再吃一片洋芋片，到最後，吃完一碗飯可以吃一片洋芋片，結果到最後因為吃飯已經讓該生成為日常生活中的必要過程，所以便不再給予增強，而該生的吃飯行為亦塑造成功。

案例三

　　方芳是一位自閉症的三歲幼兒，他在很長的時間內，拒絕吃固體的食物，而拒絕的原因排除其能力的因素。剛開始可以提供半流質的食物，也就是黏稠麥片粥，再逐漸加入該幼兒喜歡吃的零食（洋芋片剝成小片的），當該生適應該口味之後，再將洋芋片加大塊，最後再加上其他食物種類增加其變化。

案例四

　　小駿是一位四歲的發展遲緩幼兒，平日對於沒吃過的食物一概拒絕，常常會緊閉嘴巴，這也是造成與照顧者之間的爭執點之一。後來筆者發現，如果是沒吃過的點心，要求他吃，他也是緊閉嘴巴不吃，但是只要吃一口給他看，告知很好吃，則該生便願意自己勉強吃進去，只要吃一口，剩下來的就不是問題。有的孩子也是吃第一口之後便願意繼續吃，但是這第一口往往是半強迫的方式，一但吃了第一口，接下來就沒問題了！

案例五

　　翔翔是一位四歲的中度自閉症幼兒，有鸚鵡式的口語問題，在幼稚園裡，只吃肉燥拌飯，其他一概拒絕。筆者便使用以下的方式協助該生接納其他的食物。

(1)利用該生喜歡數字的特質，在紙上畫上十格，並在每一格的格子內寫上數字1-10。

(2)告訴該生碗內的飯（有拌菜）只要吃十口，便可以不吃了。

(3)當該生吃一口飯，便讓他用鉛筆在格子內的數字上劃一個叉叉，表示又吃一口飯了。

(4)當該生劃完十個叉，飯就吃完了！

(二)刷牙方面的問題

　　有很多自閉症個案非常排斥刷牙，一走到廁所門口就開始哭鬧，追究其原因會發現該生有口腔觸覺敏感的問題，他們小時候其照顧者幫忙刷牙的過程一直都很不順利，為了要維持口腔的衛

生，於是使用暴力來處理牙齒的清潔，所以口腔原本已經有過度敏感的問題，再加上有不良的經驗，結果可想而知。

　　所以個人非常的期待，當孩子還在喝牛奶階段，喝完牛奶便要喝開水，六個月大便開始以矽膠牙齒指套來按摩和刷牙齦，讓孩子接受這種感覺，進而接受刷牙，這也可以避免日後所延伸的困擾。

(三)拒絕洗臉的問題

　　某生非常排斥毛巾在他臉上擦拭的感覺，所以筆者便使用以下的策略進行系統減敏感的方式，幫助該生克服此困境。

1. 首先讓孩子以溫水洗手，讓他感受刺激不是那麼大（不能用太冷的水）。
2. 拿毛巾放在水裡面弄濕，協助孩子把毛巾擰乾。
3. 協助他拿起毛巾（類似魔術毛巾，質地較柔軟）在他自己的臉上擦拭（筆者的手握著他的手，而毛巾放在他的手中）。
4. 以一般水溫的水（打開水龍頭所流出來的水）。
5. 重複步驟2.到步驟3.。
6. 最後讓孩子自己拿毛巾擦臉。

貳　家長問題和回應

【問題 1】

　　自閉傾向的孩子，其語言發展又遲緩，應如何指導其語言、認知和溝通。又該如何訓練其生活自理能力？（因為孩子又不會說要尿尿，也不會說他的需要，實在不知該如何開始訓練）

建議

　　有些自閉兒沒有口語能力，但其中部分的個案卻可以以教育的方式增加日後得以以語言來溝通的機會，其餘的部分則可以以溝通卡、電腦溝通板或「圖片兌換」的方式來達成溝通的目的。

　　語言的指導首先要注意的是其聽力方面是否正常，曾經接觸過自閉症的個案，在接受自閉症鑑定的過程中聽力正常，因此家長便不再注意個案聽力的問題，結果筆者經由平日的觀察，建議家長再做一次聽力檢查，發現兩耳中耳積水，影響到個案聽的能力，因此透過醫療，個案對於指令的讀取有大幅進展，雖然語言的表達進步還是有限。

　　其次是細心觀察個案曾經發出哪些音，適時的加以意義化，成為溝通的一部分，例如：ㄎㄎㄎ，我會引導到……你說「ㄎㄞ（開）」嗎？接著我可能找一些個案喜歡的且相關開的動作，例如：打開餅乾盒、打開牛奶糖的包裝、……。

　　接著在平常生活中，做一個多話的媽媽，例如：吃飯時可以一邊準備餐具一邊告訴個案：肚子餓了，要吃飯了；吃飯要拿碗、湯匙（筷子）；要出去散步了、要穿鞋子、……。讓個案把動作和指令加以連結，進而了解，最後才會自行說出口。

　　製造情境讓個案遇到困擾，再教導其處理的方式，例如：吃飯時只拿碗但是不給湯匙（製造情境），並且故意把湯匙放在看得見但是拿不到的地方，促使個案說出湯匙的音。但是對於吃飯沒有興趣的孩子，便不適合以吃飯情境進行，因為無法引起動機。

　　小便的訓練，剛開始先記錄其排尿的頻率，在個案排尿的時間內帶他去。若無法認知圖片，則要求個案以手勢的方式告知媽媽要尿尿；若有圖片概念的孩子則可以教導「圖片兌換」的學習模式；若有口語能力的孩子則教導說出尿尿兩個字，再逐漸延長句子到「我要尿尿」。

【問題2】

　　孩子自己進食時會咀嚼，我餵食則一律照吞。肯自己取食的東西則僅接受嫩竹筍、麵條、薯條、……等少數幾樣，不是每次都肯吃，速度慢，請問該如何改進？

建議

　　若是具備一些基本的認知概念的個案，我會教導咀嚼的遊戲，咀嚼魷魚絲，一邊咀嚼，一邊在旁邊數「1-2-3-4-5-6-7-8-9-10好，吞下去，換媽媽吃，你幫媽媽數 1-2-3-4-5-6-7-8-9-10」，若孩子沒有口語能力，則可以拍手 10 下，吞下去，亦可以製作 10

格卡（每一格如手掌大小），咀嚼一口拍一格，拍完十格便可以
吞下去了，再逐漸延伸到平日的飯菜上。

✒【問題 3】

　　五歲的發展遲緩兒童玩弄食物，教導他時比指導者更兇，要
怎麼指導呢？

　　建議

　　教導其正確的飲食禮節，當個案不服從教導，把食物撤離，
待該生願意接受正確的禮節約束；另一個策略是，當兒童尚未玩
弄食物之前，便以手協助該生握好湯匙，幫助該生正確的飲食，
絕對不可以因為他兇或是哭鬧便屈服，即使個案不願意親自收拾
自己所製造的髒亂，也必須握著個案的手，一起要求個完成，而
非媽媽或指導者代其完成。

✒【問題 4】

　　吃飯時飯含在嘴裡（連水也是），時間一直拉長，不知如何
處理。

　　建議

　　指導者先示範咀嚼練習，數十下，「吞」，在「吞」的過程
拉孩子的手摸指導者的脖子，去感受吞的感覺，接著張開嘴巴讓
個案看，哇！飯不見了！接著換個案；至於喝水，則可以以下指

令訓練：

　　1. 張開嘴巴。

　　2. 喝一口水。

　　3.《ー乂ーㄣ──（模擬吞的聲音）──聲音誇張一點！

　　4. 好厲害！

　　除此之外，也要思考該生是否有其他的事情吸引他，導致分心，才無法專心的吃飯或喝水，所以環境的單純化是有其必要性的。

【問題5】

　㈠大便一定要包尿布，否則會憋大便，對身體不好。

　㈡喜歡指定媽媽做事，例如：拿杯子，如果別人幫他拿，他就會大哭大鬧！不理他，他便會一直哭鬧不休，只要媽媽拿杯子，他就安靜了！

建議㈠

方式一：

　　觀察大便的頻率，固定每天最有可能大便的時間或在個案吃飽飯之後，要求坐馬桶。

方式二：

　　有些堅持度高的個案，大便一定要包尿布，則可以在該生要大便的時候，剛開始包著寬一點的尿布，不要太緊，慢慢的將尿布包更鬆一點，並且將尿布往下降，包住臀部就好，直到撤離。

另外一項策略，便是以「社會故事」的方式，也就是拍一張該生包尿布的圖片，接下來再請該生親自在圖片上打一個大╳，同時告訴該生不可以包尿布，另外拍一張該生在馬桶上面的照片，同時告訴該生「大便要坐在馬桶上面」。

方式三：

找一些個案喜歡的同儕──同學或是家人，當他們坐在馬桶大便時就提供他們該生喜歡的增強物，其目的就是要告訴該生，只要坐在馬桶上面大便就可以得到他喜歡的增強物！要事先跟協助的同儕或是家人告知，事後可以換給他們喜歡的增強物，但是在該生的面前一定要以該生喜歡的增強物為主，才能增強其動機。

建議㈡

只要某人做事情，別人去做反而會大發雷霆，這時候必須先了解其原因。部分固著性較強的自閉症兒童也會有相同的情形，要解決此問題，可以試著拉孩子的手去做（部分協助的狀況），一完成便告知「○○○你好棒！都可以自己做！」透過這些策略讓個案增強自己動手完成的動機，相對的就消除要求固定人做事的不當行為。

【問題6】

一歲半的小孩只喝牛奶，其他固體或流質的食物都不吃，除了口腔、口部按摩外，還可用什麼方法讓他吃固體東西？

建議

　　更換奶瓶的吸吮方式，改由用學習杯進食，接下來加上細麥片成為半流質──以牛奶為主，麥片為輔。逐漸更換兩者的比例，至稠糊狀──以湯匙代替學習杯。接下來是給予稀飯的進食，只要先吃一口飯，便可以吃一口牛奶糊，只要吃完稀飯便可以吃牛奶糊。稀飯內逐漸加入絞碎的肉和青菜，再依照步驟更改稀飯為固體的米飯。

【問題 7】

　　孩子已經學會脫褲子尿尿和大便，但是就是不會擦屁股，上完就直接把褲子穿起來，弄得髒兮兮的，請問該怎麼教？

建議

　　每次個案大完便時便要告知：「大便完要擦屁股！」同時要協助他用自己的手拿衛生紙擦屁股。平日也可以利用機會：

　　1. 詢問：「大便之後，要擦……？」
　　2. 再逐漸褪除口語上的協助：「大便之後，要……？」
　　3. 除此之外，亦可以用數位相機將該生的大便圖片、拿衛生紙的圖片、擦屁股的圖片一一列印出來，讓該生做排序，增加其印象。

【問題 8】

　　我的孩子很怕洗頭，每次知道要洗頭就開始尖叫，實在很困

擾？

建議

　　首先要了解該生不喜歡洗頭的原因，是不良經驗，還是害怕水跑到眼睛裡面？不管是什麼原因，製造洗頭不恐怖是一件很重要的事，所以有以下幾種方式可以進行：

策略一：

　　看家中其他人洗頭，讓該生覺得洗頭很好玩。進而讓該生不再害怕。

策略二：

　　將洗頭安排在該生最喜歡的事情之前，只要趕快洗頭就可以做喜歡的事情，這也是一種方式。

【問題 9】

　　我的孩子很怕剪頭髮，每次一到理髮廳就開始哭鬧，剪一次頭髮都要二到三人抓住才有辦法完成。

建議

　　很多小朋友對於剪頭髮都有一種莫名的恐慌，原因無他，有可能是理髮剪的聲音，有可能是理髮剪的感覺，再加上剪頭髮一個月甚至兩個月才剪一次，也就是說孩子每一至二個月才接觸一次理髮剪在頭上的感覺，所以眾多因素之下，怕剪頭髮當然是有跡可循的。所以可以：

步驟一：

購買一般的理髮剪（到美髮器材行數百元即可買到）。

步驟二：

將理髮剪前面的鋸齒狀不銹鋼，以安全套套起來（理髮剪本身便有附），先不要插電，可以讓孩子拿理髮剪在指導者的手上或是頭髮上游移（讓該生不畏懼理髮剪）。

步驟三：

由指導者拿理髮剪，不通電拿理髮剪在該生的手或是手臂上游移，讓他適應這種感覺。

步驟四：

將理髮剪插上插座，讓該生拿著理髮剪套上安全套，在指導者的手上游移，再來換到頭上。

步驟五：

換指導者拿理髮剪在該生的手上游移，再逐漸移動位置到頭部，讓該生習慣理髮剪的聲音和感覺。

步驟六：

1. 讓該生到浴盆中玩玩具，由指導者負責剪頭髮的工作。
2. 或是到理髮店由專業人員剪頭髮，但是要剪頭髮之前一定要預先告知，同時告知剪完頭髮之後可以做什麼該生有興趣的事，作為增強之用。

【問題 10】

我的孩子是五歲的輕度腦性麻痺個案，口語不好，聽得懂指令，但是表達只到三個字，每次吃飯都要先說「好棒！」，也要

比出「好棒」的手勢，如果不理她，她就不吃，一定要大人有所回應，她才願意吃，要退除她這種行為該怎麼做？

　　建議

　　吃飯的時候可以先把注意力集中在餐點上，當孩子要求大人手比好棒的手勢時，必須忽略，但是同時要把注意力放在餐點上，形容餐點有多好吃，更重要的是，提供吃完飯之後會有更好玩的活動或物件作為增強物；若有同儕同時進食更好，可以故意提醒同儕：「趕快吃完喔，吃完飯就可以……。」當同儕吃完飯之後，也可以當著孩子面前享受其戰利品，若該生很生氣地哭鬧，可以採取忽略的方式。

　　若在家中沒有其他同儕，則指導者本身先吃完飯享受其戰利品，讓孩子有見賢思齊的動機，相同的若該生哭鬧，亦採忽略的方式。

　　若該生在規定時間內完成，則可以淡淡的說：「你很不錯！吃完飯了，可以……。」

本書使用說明

　　本書的內容除了文字說明以外，同時也請陳春霖同學加以示範，並以數位相機拍攝下來，每一張皆透過作者細心的以繪圖軟體將背景清除掉，以利作為指導學生的視覺線索之用途，至於如何使用？請依照下列的方式製作成教材：

剪成固定大小的長方形紙

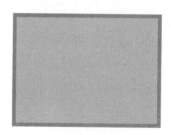

將圖形剪下來

將圖形貼在長方形紙上

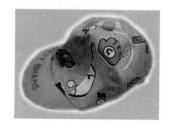

　　將所剪好的圖形呈現以下的排列，貼在訓練的場所或是每天必須進行的地方（房間或廁所），若有必要則需要護貝：

一、橫式排列

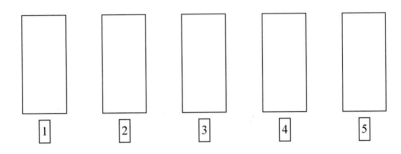

二、直式排列

　　框框中的為數位相片。

參考資料

1. 協康會（1997）。自閉症兒童訓練指南。

2. 張澄編著（1989）。自閉兒的保育手冊。台北縣：世茂。

3. 黃又青等（1998）。育兒秘笈。台北市：信誼基金。

4. 徐澄清（2002）。贏在起跑點──嬰幼兒智能發展。台北市：健康文化。

5. 游乾桂（1993）。育兒心理百科。台北市：一葦國際。

6. 父母親月刊。心橋文化事業有限公司。

7. 學前教育雜誌。信誼文化出版社。

8. 李正派編著（1989）。腦性麻痺兒童的家庭訓練。彰化仁愛實驗學校。

【附件一】

從一位亞斯伯格個案的行為矯治談起

根據葛雷的定義，針對自閉症兒童所採用的「社會故事」，是老師或父母對自閉兒的需求所撰寫的簡短故事，描述一個社會情境，在此情境中皆涉及相關的社會線索及合適的應對反應。「社會故事」是為了彌補自閉兒的執行功能缺陷而寫（黃金源，民90）。筆者近日即運用此教學策略，成功的修正一位泛自閉症─亞斯伯格患者的不適應行為。

該生為本校一年級的個案，領有殘障手冊（輕度自閉症）──在兩所教學醫院皆診斷為亞斯伯格症，他是一年級的新生，年齡也同於班上的同學。

一、個案的興趣

1. 寫數學評量（已經有代數的概念）。
2. 編曲：已經學鋼琴一年的時間，從中得到喜悅。
3. 譜曲的樂趣。
4. 寫詩：如附件。
5. 創作迷宮。
6. 對於國語的注音鑽研：該生對於國語注音音辨的相當清楚！

   例如：當老師說「晚上向左轉」，其他小朋友只可能找到晚上的晚有ㄨ音，但是該生卻能夠立刻指出老師與同學的錯

處。有一次，老師在課堂中教導注音的拼讀練習，當老師告知「ㄓㄨㄞ」沒有這個字，結果該生回家會自行查字典並告訴媽媽「有ㄓㄨㄞ」（拽）這個字啊，老師怎麼說沒有呢？求知的精神令人佩服。

二、個案簡介

1. 智力測驗：五歲的時候做過魏氏智力量表，IQ 是 119，六歲的時候再做一次，結果施測的過程，他有時候會不想回答，常常奇怪的詢問施測者：「你都知道為什麼還要問我？」結果測出來的 IQ 為 103。

2. 語言表達：口語表達非常標準，音頻略高，常常喜歡問：為什麼……？

3. 有感覺方面的變異：非常挑食，拒吃很多種類的蔬菜，結果到學校讀全天課一個月（本校下午有安親課程），瘦了 5 公斤。

4. 同一性：喜歡畫方形和線條組成的圖畫，拒絕變化，結果讓美勞老師相當困擾。

5. 對於沒有接觸過的東西充滿恐懼。

6. 角色取替的問題：常常不理解別人的反應，對於老師所規定的常規他會問：「為什麼要這樣？」常常讓老師有有理也說不清的困擾。

7. 對於較抽象的語詞較無法理解。

8. 行為問題：常常插嘴發言，無法等待，擅自離開座位，上課時只喜歡談論自己想說的主題，也因為此固著性，造成人際適應和適應上的困難。

9. 不願意也不會整理自己的書包，他認為整理書包是 12 號、8 號同學的工作，此二生是老師要求協助他的小天使。

10. 不當行為：

(1)還沒到廁所就把褲子脫下來，讓同學看笑話，他也不以為意；有時候會故意尿在班上的木質地板上，有時候會到教室外面的大樹下尿尿，讓老師不知所措！

(2)他會把老師的第三層抽屜鎖起來（按下去便鎖起來的按壓式鎖匙），老師沒有鑰匙，因而必須求助於職工，當老師要求個案不要再有同樣情形時，個案很直接了當的說：「你不要把東西放在第三個抽屜就好了嘛！」讓老師倍受困擾。

導師一直無法理解，一個小學一年級的學生，數學已經有代數的概念，會自己譜曲，自己寫一首首新詩的男生，竟然會有如此怪異的行為。

筆者本身是資源班老師，於每星期五有一節課的時間，為資源班特殊需求的學生進行心理成長課，來修正特殊兒童的不當行為，於是當下便要求老師和家長寫下同意書，讓該個案正式進入資源班的心理成長課程。

要解決行為上的問題，首要條件便是進行功能性分析，結果筆者發現：

1. 干擾上課的行為是導因於該生不知道正確的教室常規為何。

2. 人際適應有困難，導因於該生對於角色的替換、情境的解讀有問題，這也是亞斯柏格的個案所存在的困難點。

3. 不願意整理自己的書包，導因於該個案並沒有學習該項技能的動機，因為他的兩旁有兩位小天使幫他做得好好的，並不用他多費心。

4.如廁的問題有以下幾項原因：

(1)還沒進廁所便脫褲子：他並不認為生殖器被看到是很羞恥的行為，反而看到別人驚訝的表情還引以為趣。

(2)在木質地板尿尿，導因於看到老師驚慌的表情覺得很有趣，因此有機會便會來一次，弄得人仰馬翻。因為家長皆為國中老師，且了解孩子的行為是故意要引起別人的注意，所以家長建議老師淡化此不當的行為，不要過度責備，以免讓孩子更故意；結果此消弱的處理方式卻讓孩子不當的行為一直沒有獲得改善。

(3)在教室門口的大樹下尿尿：導因於該生的認知架構所影響，因為該生說：『我要紙啊！我幫樹施肥呀！可以灌溉樹，長得又高又壯就可以做很多紙！』（令人啼笑皆非）

　　經過問題的解析，經過家長申請，該生每星期一次到資源班的心理成長課程，透過特殊教育的認知與行為改變技術來修正該生的行為模式，同時並與家長和導師建立代幣的增強模式。數次實施的結果，該生的行為大幅進步。以下是心理成長課程進行的部分概況。

三、行為矯治的過程

主題一：遵守上課規則

　　讓該生和兩位五年級的學習障礙學生一起上課，因為個人希望塑造正向的同儕力量，以達到示範的作用，所以要求三位兒福系的實習大學生坐在學生的位子一起上課，我當 leader。

流程：

1. 告訴學生，每一個地方都有每一個地方的規定，上課的時候有上課的規定，小朋友知不知道上課的規定是什麼呢？

   (1)實習生甲舉手告知：「我知道」，於是便要求實習生說他自己的「社會故事」。

   (2)接下來便由實習生乙說他的「社會故事」，其內容不外乎先舉手再發言……。

   (3)五年級的學生則因為筆者之前已經有指導過正確的常規，所以也說得很不錯。

   (4)最後才輪到該生上台，由筆者幫他寫「社會故事」，要求他唸一遍。

   結果在活動的帶領中，該生常常忘記應該遵守的規定而被實習生適時的向 leader 提出抗議，透過數次的抗議也著實讓該生吃足了苦頭，不過也藉機練習了很多遍「社會故事」，到後來，他會問筆者：「為什麼要有先舉手的規定？」筆者則會很清楚的告訴他：「甲姊姊、乙姊姊、丙姊姊和兩位哥哥，他們都這樣覺得，如果每個人都不先舉手再說話，大家一起說，那麼根本聽不到別人在說什麼了！你希望你說的話讓老師和同學都聽不到嗎？」他回答：「不要！」。

   在整個課程結束後，筆者將該生的「社會故事」，以電腦列印並護貝起來，背面貼軟性磁片，一份給家長，一份給導師，貼在黑板的角落。

2. 回到班上的情形：

   根據老師的描述，當該生又誤觸法令時，導師立刻把「社會故事」顯示，要求該生把誤觸的點念一遍，往往該生會立刻遵從。經過了幾次之後，該生的搶話插嘴的行為改善很多，導師事後私

底下很訝異的跟筆者說：「『社會故事』怎麼那麼好用，真是太神奇了！」

主題二：矯治恐懼某物的行為

(一)黏扣帶

該節下課的時間，我告知同學，若下課時間想到資源班玩，可以到教室門口拿號碼牌（因為資源班教室空間有限，每次最多五位小朋友進來玩），因為號碼牌是護貝過，貼上黏扣帶，要進教室玩的人必須要把黏扣帶從門口撕下來，貼在教室裡，要離開時必須貼回去。結果，該生連碰都不敢碰，視該字卡如毒蛇猛獸，**剛開始我故意把字卡放錯地方……（把 1 放在 2 的地方，3 放在 5 的地方，原本希望該生能受不了錯誤，幫我把字卡放在正確的地方）**，結果該生只願意拎著字卡的一角，勉強的撕下來更換到正確處。

後來我索性把字卡撕下來，要求每一位實習生和其他同學拿起黏扣帶子帶，用手摸一摸，一邊說：「粗粗的，好好玩喔！」這時候，該生在一旁目不轉睛的看著他人的動作。當其他人都輪流完畢，輪到該生的時候，一副既期待又怕受傷害的樣子相當有趣！他小心翼翼的碰了一下黏扣帶，一邊小小聲的說：「粗……粗……的……好……好……玩……喔！」完全是同學的翻版！經過數次的練習後，他已經不會害怕字卡背後的黏扣帶了！

(二)章魚圖片

上課的成員還是該生和兩位五年級的學習障礙學生一起上課，先由其中一名實習生當 leader。

流程：

*1.*告訴學生，遊戲是「溝通無界限──鼓掌猜物」。

(1)先解說遊戲規則。

(2)邀請一位自願者到教室外面。

(3)從教室再找另外一位領袖，讓此領袖領導其他成員做拍手的動作。

(4)拿出一件物品，先讓自願者看過，藏在教室某處。

(5)要求自願者進教室。

(6)依照自願者靠近物件的遠近，以拍手的掌聲大小聲作為提示，越靠近拍得越大聲。

(7)時間以一分鐘為限。

(8)在時間內猜對，自願者便可以得到該物件作為增強。

2.結果：該生一直很害怕進入教室的某角落，即使掌聲提示，他也不願意再靠近一步。

(1)經過該生的解說，他認為那個東西（章魚）是一隻可怕的東西，於是該次該生便拿不到增強物了，因為他不願意靠近有章魚圖案的角落，而物件便是藏在該角落的某處。

(2)於是筆者便採取以下的策略：告訴全部的學生，遊戲中間休息一下，大家先玩一個「請你跟我這樣做的遊戲！」筆者便會製造機會一邊說一邊摸該張圖片：「摸一摸，好好玩，這只不過是一張圖！」

(3)當每個人都做過且沒有問題後，輪到該生，他也如法泡製，接下來回到剛才的遊戲，該生便不再害怕該圖片了！（運用同儕的示範力量來改善恐懼的行為，蠻有效的）

主題三：矯治隨地排尿的行為

為了改善該生不當的如廁情形：（該生會在樹下、教室的木質地板、學校沙坑旁的遊戲區尿尿，也會在還沒有到達廁所前把褲

子脫下來讓他人看笑話，他也不以為意！），做法如下：

1. 筆者利用下課二十分鐘，詢問小朋友，在樹下尿尿可以嗎？

2. 其他同學都說：不可以，只有該生說：可以！於是筆者便詢問該生：「為什麼可以在樹下尿尿呢？」

3. 他告訴筆者：「我要紙啊！我尿尿灌溉樹，它長得又高又壯，可以做很多紙啊！」

4. 接著又詢問小朋友：「可以在教室的地板尿尿嗎？」

5. 其他人都說：「不可以！」也只有該生說：「可以」

6. 詢問他：「為什麼可以在教室尿尿？」他的回答竟然是——我就是想在教室尿尿啊（一副很理所當然的樣子）！

7. 詢問小朋友：「還沒有到廁所就把褲子脫下來，你們覺得怎麼樣呢？」

8. 其他小朋友：「唉呦！不要臉！」只有該生一副很奇怪的樣子，他實在搞不清楚，為什麼不要臉！在他的印象裡，同學們只要看到他脫褲子的樣子，就會很緊張、爭相通報的告訴導師（該生覺得那種樣子好好玩！）。

9. 於是筆者便詢問其他人，要怎麼樣尿尿才算很棒？

10. 實習生甲，便依照我給他的流程念一遍。

11. 筆者便詢問其他人同不同意？

12. 其他同學都點頭表示贊同，只有該生看著他人，沒有表達意見。

13. 接下來，筆者便要求該生上台，念一遍為他所寫的「社會故事」。

14. 念完之後，筆者再問同學一次，覺得可以在樹下尿尿的請舉手！只有該生原本想要舉手，結果看到沒有人舉手，所以只有把手舉在臉頰上，把頭靠在桌上，一副很心虛的樣

子。（看得出來，他已經逐漸在乎他人的看法了！）

【結果一】

過了一個星期的某一天下午（全天課），導師又打電話來求救，該生又在樹下尿尿了！當下便要求該生到資源班畫出他尿尿的地方。結果，他畫了「樹下」、「升旗台」、「教室地板」、「廁所」。

1. 接下來要求他再念一遍「社會故事」。
2. 最後要求他拿出紅色的彩色筆，把錯的地方打了一個大×，同時在旁邊畫一隻手指頭往下比，並且寫一個「ㄒㄩㄣ」字。
3. 正確的地方畫一隻手指頭往上比，寫了一個「ㄅㄤˋ」字。
4. 最後再要求他畫一個迷宮（內容是：圖畫的一邊是小朋友，另一邊是尿尿的地方，要他把正確的迷宮畫出來──個案很喜歡創造各式各樣的迷宮途徑）。
5. 最後他要求我：「你找一找，在哪裡尿尿才對！」
6. 我一下子便找出來了，只見他一副很崇拜且訝異的說：「妳怎麼知道的？」
7. 我很慎重的告訴他：「因為我知道尿尿要去廁所，而且我也很專心，所以我一下子就畫出來了！」

【結果二】

1. 又過了一個星期的下午（全天課），他又到樹下尿尿。
2. 當導師打電話求助時，筆者當下便警覺到，尿尿在樹下，和到資源班畫迷宮是否已經造成連結，所以當個案到資源班時，除了把他的圈圈表打×外，又要求他念一遍「社會故事」，最後再要求他罰寫一遍「社會故事」。
3. 接下來便立刻要求該生回原班。

【最後結果】

至今，該生已經會很正確的到廁所尿尿了。

主題四：會整理自己的書包

1. 讓學生聽音樂做動作的遊戲

　(1)先透過視覺的線索，畫出當唱到歌曲的某處，便要拍拍手，唱到某處要拍拍腳，該生都能如預期完成，遊戲結束時，會告訴他因為玩遊戲之前都有一個規定，所以大家都可以配合的很好，不會亂七八糟！（強調遵守常規的重要）

　(2)詢問小朋友會不會整理自己的書包呢？該生回答：「我不會！」於是便要求他：請你把這本書放進去書包裡面！結果該生做的很好，當下筆者便告訴他，你看你都會把書放進去書包裡面，整理書包很簡單啊！只要你肯學，就可以做的很好！

　(3)透過「社會故事」的敘述和實際的演練，更重要的是，我告訴小朋友：「自己會做的事，要自己做是很棒的！一直叫別人做，是很遜的行為！」

2. 最後結果

　他已經能夠慢慢的自己收書包，而且當老師倒數：「10—9—8—7……」時，他會很在乎，並且會很緊張的說：「老師我自己數！」最後他會以他可以辦到的速度來完成整理書包的工作。目前整理書包的速度有逐漸進步中。

四、行為矯治後的心得

　針對亞斯伯格的個案，若能夠善用「社會故事」的方式，雖

然只透過短短的幾節課，輔以同儕的正確示範，卻可以讓孩子有著正確的行為規範，在原班能適應的更好，同時改善人際之間的關係。除此之外，筆者常常對該生的導師進行心理喊話，如果孩子有什麼不當的行為造成老師的困擾，資源班老師將是其最大的後盾，沒什麼好擔心的。

　　結果原本焦慮不堪的導師，原先考慮要求家長找陪讀老師，而家長亦原本有考慮想要辭退教職，專心到學校陪讀，以減輕老師和自己的焦慮，結果當孩子的問題逐漸改善，導師的情緒也因為資源班老師的支持得以紓解，所有的陪讀問題也迎刃而解了，這是筆者感到最欣慰的事情了。

　　筆者相信，該生日後也一定還會有其他的問題產生，但是只要用對方法，一顆同理的心和大環境包容的心，永遠不要為孩子設定極限，肯定其潛力，並給予正向的支持力量，相信未來的社會將會少一個問題製造者，而多一個正向的生產者，特殊教育的精神不就是如此嗎？

【附件二】

學齡前嬰幼兒生活自理發展表

	飲食	如廁	清潔	衣著
出生	·會吸吮。 ·面頰接觸乳頭時會轉向乳頭。 ·餵食時會開口。			
4個月 〜 1歲	·從湯匙吃半固體的食物。 ·八個月自己握奶瓶。 ·拿餅乾入口進食。 ·1歲自己用手握杯子喝水。	·學會聽聲音解便。	·會玩水。	·穿衣手腳能配合。
1歲 〜 2歲	·學拿湯匙吃東西。 ·1歲自己用手握杯子喝水。 ·會拿吸管吸飲料。	·會坐上馬桶五分鐘。 ·能表達已經解便。 ·會告知解便。	·洗手洗臉能合作所。 ·會模仿洗手。 ·洗澡會合作。	·脫戴帽子。 ·會脫鞋子。 ·會脫衣褲。 ·會拉上拉鍊。
2歲 〜 3歲	·會拿叉子吃東西。 ·自己用掌心握筷子。 ·會拿吸管吸飲料。 ·會從小水壺倒水入杯子。	·會要求要上廁所。 ·白天不會尿失禁。 ·自己上廁所，偶爾會遺尿。	·會用毛巾擦手臉。 ·會練習用牙刷。 ·會擦嘴巴。	·會自己脫衣服。 ·能穿上鞋子。 ·會穿上襪子和衣服。
3歲 〜 4歲	·會使用筷子。 ·會自己吃飯。 ·會用筷子夾葡萄乾。	·晚上開始不尿床但仍會失禁。 ·男孩子會站著小便。 ·女孩子學著自己上廁所。	·會自行洗手。 ·會開關水龍頭。 ·會漱口洗臉。 ·會擤鼻涕。 ·能自己洗臉。	·會解開釦子。 ·會穿上長褲。 ·會在成人的指導下穿衣服。

4 歳 〜 5 歳	・會擺餐具。 ・會自己盛湯。 ・會正確拿筷子。	・上廁所能自理。	・會自行刷牙。	・能對上拉鍊頭。 ・能用衣架掛好衣服。 ・能扣上釦子。
5 歳 〜 6 歳	・會打開飲料紙盒。 ・會端餐盤。 ・穿著完全自立。	・會選擇正確洗手間。	・洗澡仍需幫助。 ・會自己剪指甲。 ・會自己洗澡。	・能繫上鞋帶。 ・會梳頭。 ・會照鏡子整理衣服。

【附件三】

生活自理教學活動設計表

學 生 姓 名		障 礙 類 別	
性別和年齡	□男　□女：　　　歲	個別或團體	□個別　□團體
教學目標		準備教材	

活動名稱：
【準備活動】
【發展活動】
【結束活動】

教學活動設計表　　　　　　　　　NO.1

活 動 名 稱	我會自己穿襪子	領　　　域	生活自理
教 學 時 間	40分鐘	設 計 者	莊億惠

教學目標	1. 認識襪子。 2. 認識並執行拉的動作。 3. 認識並做套的動作。 4. 會穿、脫（先備能力）襪子。 5. 能分辨正反面。 6. 認識顏色。	準備教材	1. 襪子六雙。 2. 圓形（或孩子喜愛的造型）貼紙兩張。 3. 增強物適量。 4. 油性筆一枝。 5. 腳印六對。

活動名稱：我會自己穿襪子

【準備活動】

1. 把襪子放在指導者的旁邊。

2. 唱兩隻老虎的歌，但是改成「襪子在哪裡？襪子在哪裡？在這裡！在這裡！你今天好嗎？我今天很好！謝謝你，謝謝你！」

3. 在唱的過程中要加上有趣的動作引起注意。

【發展活動】

4. 拿起襪子，詢問這是什麼？

5. 襪子！

6. 襪子穿在哪裡呢？穿在手上嗎？（把襪子假裝穿在手上）。

7. 不對！

8. 穿在——腳上！（答對的人可以提供獎勵！）

9. 怎麼穿？請看我（媽媽或老師）。

10. 找到自己的襪子（兩雙，一雙是小朋友的，一雙是指導者的）。

11. 在孩子的右手大拇哥貼上一張紅色的貼紙。

12. 在襪子的右側同樣貼一張貼紙。

13. 請小朋友伸出你的貼紙大拇哥，抓住記號。

14. 依序撐開襪口——腳伸進去——將襪尖往腳尖套入——翹起腳跟——將襪子推往腳跟處——再往上拉。

15. 換另一隻腳。

16. 依照腳印走到對面處，把襪子拉起來（脫），放到籃子裡面。

17.接下來把貼紙撕起來，在手指指甲畫＋，在襪子的右側也畫＋。
18.重複步驟13.到步驟16.。
19.完成。

【結束活動】
20.回顧今天的遊戲。
21.提供增強物。
22.結束。

教學活動設計表　　　　　　　　NO.2

活 動 名 稱	穿鞋子	領　　　域	生活自理
教 學 時 間	40分鐘	設 計 者	莊憶惠

教學目標	1. 認識鞋子。 2. 認識並執行拉的動作。 3. 認識並做貼的動作。 4. 會聽指令完成動作。 5. 能分辨左右腳。	準備教材	1. 鞋子一雙。 2. 圓形（或孩子喜愛的造型）貼紙兩張。 3. 增強物適量。 4. 墊子（或彈跳床）。

活動名稱：我會自己穿鞋子

【準備活動】

1. 把鞋子放在指導者的旁邊。
2. 唱大象的兒歌，但是改編歌詞為「鞋子，鞋子，我的鞋子怎麼那麼美？媽媽說自己穿鞋子才是好棒！」。
3. 小朋友要坐車子出去玩，要穿什麼呢？答案是⋯⋯。

【發展活動】

4. 拿起鞋子，詢問這是什麼？
5. 鞋子！
6. 請小朋友找一找自己的鞋子！
7. 如果是團體的課程，可以將其中一隻鞋子放在外面，另一隻鞋子放在箱子裡面，讓孩子找一找屬於自己的另外一隻鞋子。
8. 指導者在右鞋貼上一張圓形紅色貼紙。
9. 另外在小朋友的右手指指甲，貼上另一張紅色貼紙。
10. 請小朋友拿起右鞋。
11. 依照口令：打開魔術帶──舌布拉起來──腳套進去──食指伸出來──勾──整理舌布──拉魔術帶──貼。
12. 換另一隻腳。
13. 脫下鞋子到墊子上玩遊戲。
14. 過一下子時間便可以再換到地板，當然便需要穿上鞋子。
15. 依序玩穿脫鞋子的技能與遊戲。

【結束活動】

16. 回顧今天的遊戲。

17. 提供增強物。

18. 結束。

教學活動設計表　　　　　　　NO.3

活 動 名 稱	穿外套	領　　域	生活自理
教 學 時 間	40 分鐘	設 計 者	莊憶惠

教學目標	1. 認識外套。 2. 會穿外套。 3. 會拉開拉鍊。	準備教材	1. 增強物（依照孩子的興趣選擇物品）。 2. 外套一件（外套後面縫一個有拉鍊的口袋）。

活動名稱：我會自己穿外套

【準備活動】

　1. 一年四季有哪些季節。

　2. 有春天—夏天—秋天—冬天。

　3. 拿出一張小朋友拉緊衣服大風吹的圖片。

　4. 步驟 3. 也可以換一種拼圖方式（如果孩子的能力夠的話）。

　5. 讓孩子將拼圖拼好之後，告訴他，冬天天氣很冷。

　6. 告訴小朋友天氣很冷就要穿外套。

【發展活動】

　7. 依照孩子適合的方式教導穿外套。

　8. 例如：找到領口標籤——兩手握住領口標籤——把領口標籤翻面背對自己的肚臍。

　9. 右手伸進右袖——左手伸進左袖——往頭上一甩——將拉鍊拉好。

　10. 讓孩子看見糖果（增強物），再放進外套的口袋中。

　11. 如果小朋友想吃就要把外套脫下來。

　12. 翻到衣服的後面，再把糖果拿出來吃。

　13. 接下來再要求小朋友穿上外套。

　14. 依次步驟 7. 到步驟 9.，讓孩子學會穿外套的技能。

【結束活動】

　15. 回顧今天的遊戲。

　16. 提供增強物。

　17. 結束。

教學活動設計表　　NO.4

活 動 名 稱	擦桌子	領　　　　域	實用技藝
教 學 時 間	兩節各 40 分鐘，共計 80 分鐘	設 計 者	莊億惠

| 教學目標 | 1.會做捻的動作。
2.認識清潔用具：抹布。
3.認識桌子的架構。
4.會將髒物自左到中央擦拭。
5.會將髒物，自右到中央擦拭。
6.會將桌上的無用物件清理乾淨。 | 準備教材 | 1.桌子一張，托盤一個。
2.蕃薯的薯條一包。
3.抹布一條。
4.蕃薯一顆，蕃薯葉一把。
5.垃圾桶一個。 |

活動名稱：我會自己擦桌子

第一節

【準備活動】

　1.請小朋友吃薯條。

　2.詢問小朋友吃的薯條是用什麼做的呢？

　3.答案是：「有的是蕃薯，有的是馬鈴薯」。

　4.但是我們今天吃的是：「蕃薯做的」。

【發展活動】

　5.拿出番薯，告訴小朋友：「這就是蕃薯。」

　6.蕃薯只要切成條狀再炸過就是薯條！

　7.如果讓它長出來，就是蕃薯葉（展示蕃薯葉）。

　8.蕃薯葉可以吃，但是要把葉子捻下來再煮熟。

　9.示範捻的動作。

　10.請小朋友一一的把葉子捻下來。

　11.捻下來的葉子放在托盤裡面。

第二節

　12.請小朋友整理桌面。

　13.拿起抹布，弄濕。

　14.自左側將桌面的垃圾移到桌面的中央。

15. 自右側將桌面的垃圾移到桌面的中央。

16. 由上往下將垃圾推到托盤裡面。

17. 清洗抹布，擰乾。

18. 自桌子左邊擦拭到桌子右邊邊緣。

19. 清洗抹布，擰乾。

20. 整張桌面擦拭乾淨。

【結束活動】

21. 回顧今天的遊戲。

22. 檢查是否擦拭乾淨。

23. 提供增強物。

24. 結束。

備註：若桌面尚有油污，必須後續再指導使用清潔噴劑。

國家圖書館出版品預行編目資料

孩子，你可以自己來：生活自理教戰手
冊／莊億惠著. --初版. --臺北市：書
泉, 2007 [民96]
面； 公分. --（教子有方系列）
ISBN 978-986-121-312-5（平裝）
1.特殊教育
529.6   96002348

3187

孩子，你可以自己來！
生活自理教戰手冊

作　　者 ─ 莊億惠

發 行 人 ─ 楊榮川

總 編 輯 ─ 王翠華

主　　編 ─ 陳念祖

責任編輯 ─ 李敏華

出 版 者 ─ 書泉出版社

地　　址：106台北市大安區和平東路二段339號4樓

電　　話：(02)2705-5066　　傳　真：(02)2706-6100

網　　址：http://www.wunan.com.tw

電子郵件：shuchuan@shuchuan.com.tw

劃撥帳號：01303853

戶　　名：書泉出版社

總 經 銷：朝日文化事業有限公司

電　　話：(02)2249-7714

地　　址：新北市中和區橋安街15巷1號7樓

法律顧問　林勝安律師事務所　林勝安律師

出版日期　2007年3月初版一刷

出版日期　2016年2月初版二刷

定　　價　新臺幣300元